中華民國
憲法概論釋義

廖忠俊 編著

五南圖書出版公司 印行

推薦序

廖忠俊教授是我30年前便結識的學界友人，那時候，我便發現廖教授是一位潛心研究憲法與政治學的學者，對於學術的專研幾乎達到廢寢忘食的地步，其自學毅力之勤，常常給我作為自我警惕的表率。

歲月匆匆，30餘年的光陰已過，我在此期間內經常獲知其在學術界內的辛苦耕耘著述，以及春風化雨造就英才的事蹟，更令我對其秉持學術理想，以學術人過其一生之精神，倍表欽佩。

最近廖教授將其即將付梓的憲法學大作，邀我一覽，是為榮幸。我匆匆閱覽拜讀，雖只得梗概一閱，但可略窺其精華。

本大作係以深入淺出的方式，勾勒出我國憲法的大要，輔以國外先進法治國家相關的憲法理念與制度，以及政治學、行政學及歷史的角度，敘述我國憲政體制的產生理念，以及我國大法官眾多解釋所樹立的基本原則來論證出我國憲政及法律制度所蘊含的基本價值及理念。

眾人皆知，我國實施憲政是好幾代先人所流血犧牲，且積上百年來的奮鬥，所期盼的結果，而行憲的目的乃是建設我國成為一個優良的法治國家。但是要將整個國家權力約束在一部憲法的白紙黑字之中，而且此數百言的憲法文字還要指導出國家制定成千上萬的法規範，這不是一個天方夜譚，而是要靠眾多的學者以及司法實務界，特別是大法官的解釋，方能將憲法條文所闡釋的語意、精神，憲法所期待的價值及其拘束力，轉換成制止國家權力的濫用，並作

為立法者制定許多法律條文的指針。

　　因此一個憲政發達的國家,憲法必能發揮最高的指導與拘束能力,而憲法知識的深耕必然要及於社會的各個基層。

　　這種憲政思想的扎根及普及,便有賴於眾多的憲法學者努力發揮一己之見並化為文字,憲法著作的百花齊放,才會造就出一國一地憲法理論的蓬勃發展,也會增強該國該地法治發展土地的肥沃。

　　今我有幸先睹本大作為快,並祝賀廖教授新作的順利問世,也期盼本大作的問世能為更多的學子讀者們增厚其憲法的意識,共同為打造我國法治社會的更上一層樓而付出貢獻。

中央研究院研究員

台大憲法學教授

司法院大法官

推薦序

　　民國86年，我追隨恩師袁頌西教授接掌國立暨南大學校長因緣，而從台大借調至此，擔任教授兼總務長。

　　時值立法院休會暑假期間，本書作者忠俊學棣崑程自台北開車南下至南投埔里暨大校園與我會面並惠呈其剛撰就寫成的台灣地方派系政治專書文稿，請我指導修潤。時光奔馳，轉眼間已過了近25年。

　　在繁重的憲法機構高階專門委員職務工作之外，爲了印證實務與學理配合互參，忠俊也在大學執教兼任「中華民國憲法」、「憲政與生活」等課程。

　　他將長期多年累積下來的授課講義內容，發心善用今（2021）年較長暑假，彙編整理爲《中華民國憲法概論釋義》，並再惠呈請我過目指導教誨。

　　我詳細閱讀，欣喜本書有兩大特色：一者，在釋義我國憲法條文時，也彙呈併現先進民主憲政國家之相關條文比對研參，例如在憲法第22條特別概論詳括「人民之其他自由及權利」，第45條比對土耳其與新加坡憲法規範總統當選人，應即退離其原屬政黨，不偏一己一黨一派之私，而期許平等中立超然爲全國各政黨暨全民所誠心尊敬愛戴的總統。再者，於本書最後彙編有九個近現代最知名人權法條之寶貴〈附錄〉，足供初學者大學生暨關心愛護憲政人士併讀參用，應能節省心力並從中受惠。

　　欣聞即將付印刊行，虔心誠意請我寫序，我立即應允並欣然樂意爲之作序推荐。

現任台大名譽教授
曾任台大社科院院長、副校長
政治學會理事長

趙永茂

感謝辭

憶昔於大學校園，在林崇墉教授研究室書櫃內，看到了他堂弟林紀東（司法院大法官、台大、東吳大學教授）的《中華民國憲法逐條釋義》套書，這是我第一次對「中華民國憲法」的注目與初識。

同時期修習名師查良鑑教授所開「美國憲法」課程，對查師在第一次上課，即強調美憲第一條（立法國會）、第二條（行政總統）、第三條（司法法院）之三權分立的「總統制」憲法，印象非常清晰深刻。

1980年代，恩師陳水逢教授與謝瑞智教授（後升任中央警大校長）與一群對民主憲政暨日本政情深有研究人士，集會結社組成「中華民國日本研究學會」，陳師獲推舉厚選擔任此研究學會理事長，謝師也獲選榮膺為副理事長。

我有幸被兩位恩師厚愛提拔擔當研究學會公關組副組長，而得以經常長期追隨左右。期間蒙受陳師惠贈其大作《中華民國憲法論》及日本憲法學大師美濃部達吉的《日本新憲法釋義》；也榮獲謝師題送其厚重名著《憲法大辭典》與《比較憲法》；使我對「議會內閣制」的《日本國憲法》有更深一層的認知及研究。

加以幾十年在大學專兼任「中華民國憲法」、「憲政與生活」課程，教學相長之累積下來的執教授課內容講義與教研心得而發心善用假期，扼要編撰此著作。

寫作著書極為辛勞，期間幸運得到大學同仁淑貞主任，學棣愉

善、正科、桂福、麗娜、芝羽、律嘉、邵鈞、佑瑄等鼎力相助,或代為搜尋資料,或打字彙整,節省我不少心力時間,衷心感謝。

編著初稿,承蒙好友世熒教授勞心費神指點修潤,受惠良多,恩情永記,不敢或忘。

復承恩師趙教授永茂,好友陳大法官新民教授之指教賜序鼓勵,增添無限光彩,隆誼盛情,感激不盡。

因學養不足,心力有限,未於「中央與地方權限」、「地方制度」作概論釋義,敬祈鑒諒。

由於作者才疏學淺,本書之編著,難免有疏漏不足之處,懇請專家學者博雅君子,賜予教正為禱。

目　錄

第一篇

導　論

第一章

國　家

第一節　國家定義及構成要素

一、國家的定義

　　古今政治思想學家對於關乎國家之涵義界說，試舉代表性者如下：

　　（一）孔子：子曰，「有**國家**者，不患寡而患不均，不患貧而患不安；邦〔國〕分崩離析，而不能守也，而謀動干戈於邦內」（論語季氏篇）。又曰，「審法度，四方之政行焉，天下之民歸心焉；重民，寬則得眾，信則民任焉」。（堯曰篇）

　　（二）**孟子**：「諸侯〔國〕之寶三：**人民、土地、政事**，〈盡心篇〉。又曰，「苟行仁政，〔國家〕四海之內，皆舉首而望之」〈滕文公篇〉。再曰：「保（人）民而王，莫之能禦也」（梁惠王篇）。

　　（三）**韓非**：他的**國家政治思想**，乃集申不害的「**術**」，慎到的「**勢**」與商鞅的「**法**」之集大成者。其「君術」如，「明主積於信，賞罰【二柄】不信，則禁令不行」，「有功者必賞，罰莫如重而必」，「人主雖有聖智，莫盡其術，爲其漏也」。其「權力威勢」如，「明主之治國，任其勢，民固服於勢，勢誠易以服人；善任勢者其國安」。其「法治」如，「吏

者平法則也，治國者不可失平也；明法則強，慢法則弱；所以治也，法也；奉行商君【商鞅法治】而富強」。

西洋馬基雅維利之《君王論》〈The Prince〉與中國韓非子之國家政治思想，有類似之處而互為輝映。

（四）德國法政學者維也納大學教授Georg Jellinek（1851-1911）提出國家組成三要素為領土、人民、主權。[1]

（五）美國近代著名政治學者曾任1922-1923年「美國政治學會」會長的迦納（James W. Garner）對於國家的涵義介說：「國家是由**人民**所組成之社會，永久占有一定**領域，不受外來的統治**，及有一個為人民所服從之**有組織的政府**」。[2]這個定義也明白標出了國家所應具有的條件要素。

（六）1933年12月26日於美洲烏拉圭首都蒙特維多所召開之第七屆美洲國家會議上的政治專家學者所簽訂之「蒙特維多國家權利義務公約」（Montevideo Convention on The Rights and Duties of States），就「國家」的定義界說訂下四個標準要素：1.永久的人口（a permanent population）；2.固定的領域（a defined territory）；3.有效統一的政府4.與他國交往之能力（國家主權普遍為國際社會所接受）[3]。

綜合上述界定意涵，吾人約可將**現代國家之定義如下：國家是現代人類的一種政治組織，它的意涵條件為要有較永久的人口，界定明確的固定領域，有效統治的政府及與他國交往之能力（對內與對外主權）等四個要素。**

吾人漢字之「國」字，早也呈現包含此四要素，其中裡面的「口」代表人口；外圍的口表示四極領域；口之下的「一」

意涵統一的政府;而戈表示執干戈以衛社稷國家（主權）。

二、國家構成的要素

以下闡述國家的四項要素:

（一）人民

人民含括國民與公民,範圍最廣;我國憲法第3條:「具有中華民國國籍者,為中華民國國民」;公民是指享有參政權的國民,憲法第130條:「中華民國國民年滿二十歲者,有依法選舉之權……年滿二十三歲者,有依法被選舉之權」。人民乃指一群體聚集在一個四圍領域而構成國家,他們具有相當程度的共同凝聚意識感情,通常共同使用國家內最大種族最多人數的語言。然則,也有例外,比如瑞士這個國家的人民,德語、法語、義大利語皆通用,因其處於這三國之間而來往頻繁。一個國家的人民數「量」與人民品「質」（教育程度、工業技術水準、文化高低等）都會影響國家的力量;人口數量眾多而且品質優越,是強盛國家（如美國）的要件。

（二）領域（領土）

凡國家統治權所能支配統領之範圍四域稱之領域（領土）。無領域,則人民沒有立足之所在,亦無生活依靠;國家在其領域對內行使統治權力,對外也可屏除他國勢力侵入,此其所謂領土最高主權;其在國家政治意義如下:1.領土乃國權支配統治之界圍;2.在同一領土內,不能容許兩國主權之存

在；3.現代的領土（領域）觀念，不只含括土地之地面及地下海岸線之領海（軍艦亦屬國土之延伸），更及於領空。依1919年在巴黎簽訂之國際航空條約規定「所有之國家，於其領土與領海之上空，擁有完整之排他性主權；唯通常對於民用航空器（飛機）之「無害通過」（innocent passage），基於條約於一定限制下，給予同意飛航。

由於領土涉及國家主權行使，所以如有兩國邊界不清，疆域未定時，就難免發生政治軍事衝突，比如中印，中蘇（珍寶島事件），日本北方國後、擇捉、齒舞、色單等四小島與俄羅斯之爭端，及釣魚台領土主權的爭議等。「地緣政治學」（Geopolitics）的理論，曾鼓舞影響強國對外的領土發展與殖民擴張。再述，國家憲法對於領土範圍之規範，有採列舉式與概括式者。列舉之優點，在於明白宣示領土之範圍，對內可促喚人民珍重愛惜心理，對外可使國際之尊重，並防止他國之覬覦野心；缺失則是國家領土遼闊，地域繁多，欲逐一列舉，恐有掛一漏萬之處；而遇國家行政區域調整，行省名稱範圍變更（如東九省改為東三省；西康省廢除，東半部劃歸重慶院轄市，西半部劃給西藏），則須修正憲法，較為繁雜不便。至於概括式之優缺點，恰與列舉式相反；其在憲法對領土之範圍，僅做簡單概括之規定，是為優點；唯究竟國家領土之區域所在與行省名稱，皆未列出而無明示，乃為其缺點。

我國在民國25年5月5日由國民政府明令公布施行之「五五憲草」第4條：「中華民國領土，為江蘇、浙江、安徽……等固有之疆域。」原採列舉主義，及至民國35年對日抗戰勝利後

所制定，公布施行之憲法第4條：「中華民國領土，依其固有之疆域……。」改採概括主義，因列舉多所複雜不便[4]（比如香港、澳門、釣魚台之領土主權）。

另者，民國82年（1993）3月，有立法委員對於「固有疆域」提出疑義，認為外蒙古及中國大陸是否為中華民國之領土，而聲請司法院大法官會議解釋。

同年11月26日，釋字第328號解釋文：「中華民國領土，憲法第4條不採列舉方式，而為「依其固有之疆域」之概括規定，並設領土變更之程序，以為限制，有其政治上及歷史上之理由。其所稱固有疆域範圍之界定，為重大之政治問題，不應由行使司法權之釋憲機關予以解釋」。[5]

（三）政府

在國家內為其全體人民制定並執行政策的是專業分工，有組織而具備價值權威分配的政府。

民主國家依行政、立法關係而分為內閣制、總統制、雙首長制或是委員制的政府；又從政府權力決策集中於一人或少數還是由全體人民所共同參與之民治，而分為獨裁制（極權專制）與民主制；更在中央政府與地方政府之權限分配，而有中央集權與地方分權之不同。

我國原來憲法乃基於全體國民之付託，依據孫中山先生創立中華民國之遺教，為「鞏固國權（民族），保障民權，奠定社會安寧，增進人民福利（民生）」而制定；於第二章與第十二章規範人民之自由權利義務；以及前言「頒行全國，永矢

咸遵」，第78條「司法院解釋憲法，並有統一解釋法律及命令之權」，與第171條「法律與憲法牴觸著無效」，第172條「命令與憲法或法律牴觸者無效。」（意即憲法之至高無上屬於最高位階）之外，分別於第三章國民大會，第四章總統，第五至九章行政、立法、司法、考試、監察，第十至十一章中央與地方之權限（均權制），地方制度；可知爲權能區分的五權憲法民主共和政府。

政府是依國家憲法所產生，爲行使政府權力與執行公共事務決策，管理整合人民資源權利之衝突，並作出價值的權威性分配；因此，政府必須要具有正當合法性（legitimacy），以讓人民遵循服從。再者，政府畢竟只是國家的要素之一，國家含括政府；政府常會因（政黨）輪替，政變或革命而更替，期間較爲短暫；而國家是持續長期存在的整體，所以「國家」的概念大於「政府」的概念。

（四）主權

在法國布丹（1530-1596），英國霍布斯（1588-1679）至法國盧梭（1722-1778）等政治思想家的著作學說裡，就提到了國家所具有之一種永久絕對，至高無上而不可分割轉讓，以君王或國民爲主的權力，稱之主權。

主權乃主要指國家對內，於所有個人或團體擁有絕對至高的支配權力；對外，於國際法上具有獨立自主而不隸屬他國之優越至上權力；此即國家之對內主權（internal sovereignty），指最高權威效力；與對外主權（external sovereignty）具有獨立自主性質。

又有所謂**事實主權**（de facto sovereignty）與**合法主權**（**de jure sovereignty**）。「合法主權」乃指一國之主權能被（國際社會）其他國所承認者稱之；而雖未被他國承認，卻事實上能行使實際統治權者，稱爲「事實主權」，比如叛變或革命成功或臨時佔領之政府，能行使實際統治權者，即可謂之。再者，事實主權如受人民擁戴支持而又能獲國際間承認，即可轉爲合法主權。

論者又謂，構成國家四個條件要素（人民、領土、政府、主權）之間，以「主權」之中心概念與統治權力爲最重要；因「人民」如無國家主權做後盾依靠，就會像吉普賽（gipsy, gypsy）民族，到處流浪無依；又領土如遇國家主權分離或主權不受維護，則可能被他國占領；而政府如果沒有國家對外主權之自主性，很難有效發展與國際社會交往之能力，想要加入國際關係重要組織，到處碰壁而不被承認，可能變爲國際社會孤兒。

我國憲法第2條：「中華民國之主權，屬於國民全體」。可知我國之主權，應屬全體國民所共有共治共享；政府、公務人員及民意代表，非眞正國家主權所有人，理論上他們只代表人民行使主權而已。至於國民主權之行使，主要是以憲法第17條：「人民有選舉，罷免，創制及複決之權。」；第62條：「立法院爲國家最高立法機關，由人民選舉之立法委員組織之，代表人民行使立法權」；第130條：「中華民國國民年滿二十歲者，有依法選舉之權。除本憲法及法律別有規定者外，

年滿二十三歲者，有依法被選舉之權」；與憲法第八章「考試」第85、86、88條規定，有關公務人員之選拔、任用、銓敘；及增修條文第2條（總統副總統由人民直選），第4條（立法院委員之組成，選舉區域方式，領土變更程序及對於總統、副總統之彈劾案程序等）。

第二節　國家的型態分類

　　全世界約共197個國家（含教廷國，The Holy See，Vatican City State）；其中，非洲54國，亞洲49國，歐洲45國，美洲35國（北美2國加上中南美33國），紐澳大洋洲14國；而聯合國承認的會員國有193個[6]；很特殊的是巴勒斯坦解放組織（PLO）得到大多數會員國承認，但被以色列反對暨五大常任理事國（美、中、英、法、俄）之其中一國所否決。

　　世界各國的型態各式各樣，種類繁雜，其分類大概有八種標準來區分類別：

（一）依人口多少土地面積來分大、中、小國

　　人口超過一億的人口大國有十三國（中國14億，印度13.2億，美國3.3億，印尼2.6億，巴西2.1億，巴基斯坦1.9億，奈及利亞1.87億，孟加拉1.63億，俄羅斯1.4億，墨西哥1.3億，日本1.26億，菲律賓1.02億，伊索比亞近1.02億）。[7]

　　面積版圖前十大國家為俄羅斯1,700萬平方公里，加拿大近1000萬平方公里，中國960多萬平方公里，美國近960萬平方

公里，巴西850萬，澳大利亞770萬，印度320萬，阿根廷278萬，哈薩克272萬，阿爾及利亞238萬平方公里。[8]而領土面積很小者，如教廷梵蒂岡（0.44平方公里）、歐洲摩納哥侯國（2平方公里）、大洋洲的諾魯（21平方公里）、吐瓦魯（26平方公里）等。

（二）以經濟開發情況來分

1. 先進發展（more developed）工業高所得國，他們大多為第一世界成員，如英、美、法、義、德、加、日（G7工業大國）、奧、丹、芬、冰、荷、比、盧、挪、瑞典、瑞士、紐、澳等。

2. 轉型發展（transitional developed）國家：如亞洲四小龍（星、韓、中華民國台灣、1997年前香港）與中東石油國（沙烏地阿拉伯、科威特等）。

3. 正發展中（developing）第三世界的亞、非、中南美洲國家，如印尼、埃及、阿根廷、智利、古巴、墨西哥、秘魯等。

4. 最低度開發（the least developed）赤貧國家的「第四世界」（the fourth world），如阿富汗、中非、剛果等。[9]

　　高度開發之第一世界高所得的資本主義都市工業化富有國家，幾乎都位於北半球（但紐、澳卻在南半球），而第三、四世界的較低度開發低所得赤貧的窮國，大多位在南半球（但「金磚四國」，屬於第三世界的印度卻在北半球），於是這種

愈來愈擴大的貧富差距失衡，無形中就產生了國際關係上的所謂「南北對抗」（north south confrontation）國家。

（三）依國家地理位置是否依靠有海洋港灣

依傍海洋，有長遠海岸線與優良港灣的國家，稱爲「海權國」（**sea** power countries）；反之，國土四域都接壤陸地者，稱爲陸封國（landlocked countries）或「陸權國」。早期「海權國」有西、葡、荷蘭及十八、九世紀的英國。

美軍海軍上校馬漢（A. T. Mahan, 1840-1914）的世界名著《海權論》（The Influence of Sea Power upon History）[10]。指出，英國成就世界海上霸權而爲「日不落國」原因是由於海洋島國地理位置，有長遠海岸線及良好港灣，而且國民性格傾向海洋冒險殖民擴展，且國家政府大力提倡海洋政策與開拓海軍強權。

他呼籲美國有爲者亦若是；主張「那一國能控制海洋，該國即能成爲海洋大國，世界霸權」。

當今，世界強大海權國家有美、英、印度、中國、俄羅斯等。

即以目前擁有航空母艦數量而言，美國有12艘（其中尼米茲級10艘）；英國3艘，印度3艘，中國3艘（第一艘遼寧號），俄羅斯1艘，法國1艘（戴高樂號）。[11]再者，以上美、英、中、俄、法、印度等國，皆擁有核武國家。[12]

然則，英國地理學家麥金德（Halford Mackinder）也在1904年宣讀大作〈地緣中心政治論〉（The Geographical Pivot

Of History），極爲影響德、蘇兩大國的《陸權論》。接續義大利軍事理論家杜黑（Giulio Douhet, 1869-1930）於1921年發表了〈制空權理論〉（空權論）。

　　「陸權國」有瑞士、奧地利、盧森堡、玻利維亞、巴拉圭、捷克、匈牙利、蒙古、尼泊爾、賴索托、中非、馬拉威、不丹、阿富汗、烏干達、尚比亞、辛巴威等。

（四）就國體（Form of State）與政體（Form of Government）來分類

1. 依國體來分

(1) 以元首之名，稱爲皇帝、國王者，爲君主國；稱之總統、主席者，爲共和國[13]。統治決策權操於一人者，稱君主制；操在多數人者爲共和制；君主制大多由同一血緣來世代繼承，共和制的總統、主席通常要經由較民主的選舉產生，而且有任期限制。

(2) 就是否自由民主的標準區分：Robert A. Dahl認爲是否自由民主有八項（言論自由、集會結社自由、人民有投票權、公民有被選舉進入公職機構、政治領袖有選舉與被選舉權、可獲得資訊管道、選舉必須公正、民主投票基礎組成決策機制）。[14]

接近以上標準者，稱爲自由民主國家；反之就被歸類爲極權（納粹，史達林），威權（程度相對比較低）的不自由民主國家。

在Arend Lijphart著名《當代民主類型與政治》的二十一國家（包含英、愛爾蘭、法、德、義、瑞士、奧、荷、比、盧、挪威、瑞典、丹麥、冰島、芬蘭等歐洲十五國及美、加、紐、澳、日本、以色列）之自由民主程度，都是名列世界前茅的[15]。

2. 以政體來分

分為君主制的絕對君主與立憲（限制）君主政體；又有共和制的國民主權民主共和，法西斯、納粹的專制獨裁，某些拉丁美洲、非洲國家的軍事強人獨裁及共產社會主義一黨獨裁中央集權制的政體。

（五）以國家權限的集（中）分配（分散）來區別

就一國而言，可分為**單一國（Unitary State）**與**聯邦國（Federal State）**；如有兩國以上稱為複合國，主要有**邦聯（Confederation）**、**國協（Commonwealth）**及**打破疆界國家的區域特殊組合**。國家一切事權統屬中央政府指揮管理的，稱為單一制國家，如英、法、盧、冰島、愛爾蘭、義大利、紐西蘭等；國家事權分配於中央與地方政府，為聯邦國。聯邦國如美、加、德、瑞士、澳大利亞等。[16]

邦聯的往例有1776-1789年的美國，1815-1848年的瑞士等，而後來他們轉化為聯邦。邦聯與聯邦最大的區別在：邦聯的分子國有國際獨立地位，聯邦的各邦則無；邦聯之分子國有加入或脫離自由，聯邦各邦一旦加入，即無脫離自由。

國協以「大英國協」（英國及其自治領self—governing dominions，前殖民地之加拿大、紐、澳、南非等53國組成，雖擁奉英王爲國協首領，唯內政，外交完全自主，不受英國的約束與從屬關係）；及1991年蘇聯解體後之以俄羅斯爲首，及白俄羅斯、烏克蘭、哈薩克、亞塞拜然、亞美尼亞、土庫曼、吉爾吉斯、烏茲別克等國的「獨立國協」（Commonwealth of Independent States, CIS）。

打破疆域國家的區域特殊組合爲歐盟（EU）：

1950-51年，法、德，義，荷、比、盧六國組成「歐洲煤鋼共同體」；1957年簽署「歐洲經濟共同體」（EEC）；1992年簽訂馬斯垂克條約（Maastricht Treaty），形成「單一市場」；1993年，「申根公約」（Schengen Agreement）通過，打破國界疆域，EEC更名爲EU；2002年，歐元（Euro）啓用，僅次於美元之第二大貨幣；2003-07年，邀請東歐國家加入之「東擴」政策；至2013年共有28個成員國，邁向經濟與政治實體統合之特殊組合。[17]唯2016年6月英國在全民公投中以51.9%之決議脫離歐盟。

（六）以國家主權是否完整來分類

1. 完全獨立主權國：大多數國家屬之。
2. 非完全獨立之部分主權國家
   (1) 被保護國：如1905-1919年的高麗之於日本，1914-1922年的埃及之於英國。

(2) 附庸從屬國：如1884-1901年的南非之於英國。

(3) 被占領國：如二次大戰結束，德國被美、英、法、俄分區占領；1945-1952年，日本因戰敗而被以美國為首的八個國家占領。

3. （永久）中立國：以1815年維也納會議條約承認的瑞士最為顯著例子，為永久中立國；目前瑞士之外，被國際社會普遍承認永久中立國家還有瑞典、芬蘭、奧地利、列支敦斯登、梵蒂岡教廷國、哥斯大黎加等。

（七）以中央政府憲政體制分類

分為內閣制、總統制、雙首長制，委員制國家。（詳參閱本書第一篇第二章第三節）

（八）以政黨體系制度分類

分為無黨制、一黨制、兩黨制、多黨制國家。

註解

1. 參閱https://www.wikipedia.org/wiki/Georg_Jellinek網址資訊。
2. 孫寒冰譯，迦納著，《政治科學與政府》，頁92。
3. 請參閱王保鍵，《圖解政治學》，頁52。
4. 林紀東，《中華民國憲法逐條釋義〈第一冊〉》，頁42；謝瑞智，《憲法概要》，頁78。

5. 司法院編纂，立法院法制局增補，《司法院大法官解釋彙編》，頁283。

6. http://www.worldometers.info/geography/how-many-countries-are-there-in-the-world/；外交部，《世界各國簡介暨政府首長名冊》，100年10月。

7. http://www.worldometers.info/world-population/population-by-country/

8. 依http://www.wikinland.com/世界前十大國家面積網址資訊。

9. 彭懷恩，《國際關係與現勢》，頁286-289；林碧炤，《國際政治與外交政策》，頁176-178。

10. 參閱美國唐斯〈Robert B.Downs〉著，"Books that Changed the World"，"Books that Changed the America"；彭歌譯，《改變歷史的書》，《改變美國的書》，〈馬漢及其海權論〉。

11. 楊俊斌，〈海洋強國航母數量〉，中國時報，A16軍事新聞，107年8月12日。

12. Manning, Robent A., 1997-98, "The Nuclear Age: The Next Chapter", Foreign policy, No.109, p. 80.亦請參閱林宗達副主編，《國際關係與現勢》，頁474-475，〈全球性軍事安全問題〉。

13. 謝瑞智，《世界憲法事典》，頁2；2001年世界192國中，君主國有46國，而共和國有146國。

14. 轉引自高德源譯，李帕特著，《三十六個現代民主國家的政府類型與表現》，頁56。陳坤森譯，李帕特著，《二十一個國家多數模型與共識模型政府》，頁2。

15. 華力進，《政治學》，〈民主程度積分表〉，頁110-111。

16. 陳坤森譯，同註14所引書，頁189；高德源譯，同註14所引書，頁209。

17. 參閱王業立審訂，《圖解政治學》，頁55；王保鍵，《圖解政治學》，頁71。

第二章

憲法與憲政

第一節　憲法涵意及其分類

一、憲法涵意

　　孫中山先生說：「憲法者，西語曰Constitution，乃一定不易常經。非革命不能改也。」意謂**憲法為國家最基本根本大法**。又曰：「**憲法者，國家之構成法，亦即人民權利之保障書也。**」乃謂憲法是國家政府之組織法，也是保障人民自由權利的基本法典。

　　德國著名憲法學者，維也納大學教授耶律內克（Georg Jellinek）說：「憲法是決定**國家各機關組織**，規定它們相互關係與權力範圍，及**國家根本地位的法**」。麥因托息（Sir James Meintosh）說：「成文與不成文的**基本法，規定高級官吏的權力以及人民的重要權利者，稱之為國家憲法。**」[1]

　　由以上引述可知，憲法是國家位階最高之基本根本大法，是國家政府各機關權力（三權或五權）組織法，更是保障人民自由權利的法典。以我國憲法為例闡述如下：

（一）國家位階最高的根本大法

　　憲法前言66個字的最後8個字「頒行全國，永矢（誓）咸

遵」；憲法第48條總統就職宣誓詞：「余必遵守憲法……如違誓言，願受國家嚴厲之制裁」；第78條：「司法院解釋憲法，並有統一解釋法律及命令之權」；第171條：「法律與憲法牴觸者無效」；第172條：「命令與憲法或法律牴觸者無效。」可知憲法是國家至高無上，位階最高根本大法。

（二）是國家政府的組織法與權限

　　從第三章國民大會（已廢除），第四章總統，第五章～第九章行政、立法、司法、考試、監察【五權分立】，第十章中央與地方之權限，第十一章地方（省、縣）制度等，可見爲國家政府組織法與權限。

（三）人民自由權利保障書

　　由憲法第2條：「中華民國之主權屬於國民全體」與第二章「人民之權利義務」，第十二章「選舉罷免創制複決」及第十三章**基本國策**第三節國民經濟，第四節社會安全，第五節教育文化等，俱爲人民自由權利之保障法典。

　　現代意義的憲法，發端於老牌民主國家英國的不成文憲法（依其長遠之歷史文獻、大憲章、權利請願書、國會法、司法判例、政治傳統習慣等）；而成文憲法開始自1787～1789年的美國憲法；之後1789年的法國憲法（暨1958年第五共和憲法共92條），1889年的日本明治憲法（暨1947年5月3日正式實施之現行日本國憲法共103條），1919年的德國威瑪憲法（暨1949年西德基本法共146條），及我國在民國35年（1946）年12月

25日通過，隔年元旦公布，同年12月25日施行及至今共七次增修的現行憲法。（原憲法175條加上增修條文12條）

　　美國現今為世界超級強國，其憲法原本只有七條（第1條立法權，第2條行政權，第3條司法權，明顯標示三權分立）。至今增補條文有二十七條（其中第15條規定投票權不得分種族膚色而否定或剝奪；第19條規定不得因【男女】性別否定或剝奪公民投票權；**第22條規範美國總統擔任最久年限【因二次大戰使得羅斯福總統擔當三任而增補】；1971年第26條增補十八歲以上美國公民投票權**）。

　　法國憲法第7條規範「兩輪投票多數當選制」。

　　日本國憲法**第二章第9條**：「日本……**永久放棄發動戰爭**……不保持陸海空軍……」。德國（西德1949年5月23日公布，1990年10月東西德統一）的基本法（Basic Law）第102條：「死刑應廢止之」（Captital punishment shell be abolished.）是各國憲法中，少見的條文。印度在1947年自英國殖民地獨立；1949年11月26日公布，1950年1月26日生效之憲法條文共有395條，是「全世界最長的憲法」。[2]

　　印度近十多年來國力崛起，與巴西、俄羅斯、中國及南非合稱「金磚四（五）國」（BRICS）。

二、憲法的區別分類

　　憲法的區分類別，約有下列十三種：

（一）成文（Written）憲法與不成文（Unwritten）憲法

　　以是否有文書條文作爲標準，如我國與美國者即爲成文憲法；英國則爲典型不成文憲法例子。

　　依據1936年出生荷蘭，1963年獲得耶魯大學政治學博士，享譽世界的美國大師級著名學者李帕特（Lijphart Arend）教授的經典大作《民主類型：三十六個現代民主國家的政府類型與表現》（Patterns of Democracy: Govennment Forms and Performance in Thirty-six Countries）書中統計，三十六個現代民主國家（美、加、日本、德、奧、法、義大利、瑞士、愛爾蘭、荷、比、盧、瑞典、挪威、丹麥、冰島、芬蘭、澳大利亞、印度、哥斯大黎加，與英、紐西蘭、以色列等），其中有三十三個屬於成文憲法國家；只有英國、紐西蘭、以色列三國爲不成文憲法國家。[3]

（二）剛性（rigid）憲法與柔性（flexible）憲法

　　此種分類是由英國著名憲法大師Albert V. Dicey（1835-1922）於其經典鉅作《英憲精義導論》（Introduction to the study of the law of the Constitution）是以憲法修改手續難易來分，凡憲法之修改必須經由特殊機關與程序而經絕大多數票決同意始得修改的，稱爲「剛性憲法」，如美國與我國憲法屬之；反之，憲法的修改，與一般法律之僅多數決即可修改者，稱之「柔性憲法」，如英國憲法即是。

　　依據李帕特的專精研究及細心統計，憲法修正案需要三分之二或更嚴格之特別多數才能同意者，有美、加、日、德、瑞

士、澳大利亞；奧地利、荷、比、盧、挪威、芬、印度、哥斯大黎加等，屬於剛性憲法國家。反之，英、紐西蘭、以色列僅需一般多數同意即可，是為柔性憲法國家。[4]

（三）欽定、協定、民定憲法

是由制訂主體之君王欽意或由人民主權，或由兩者之間的過渡妥協而成之憲法來區分。

欽定憲法是由君王、皇帝單方面所制訂的憲法，如日本明治22年（1889）由天皇所制定之「明治憲法」。此帝制憲法分〈上諭〉及本文，七章節共76條；附有天皇對日本國民之「敕語」，宣誓皇憲制定之動機，思想及目的；此憲法本文第1條：「大日本帝國由萬世一家之天皇統治之。」亦可傳給繼承之萬世一家子孫（如明治－大正－昭和等），可知其為欽定憲法。

至若日本於1945年8月15日二次大戰失敗投降，依照盟國占領總部（G.H.Q）以麥克阿瑟統率之聯軍指令協助，在昭和22年（1947）5月3日正式施行之現行「日本國憲法」（或謂麥克阿瑟憲法草案）之序文〈前言〉：日本……茲特宣言主權屬於國民〔民有〕，而確定本憲法。夫國政乃受國民嚴肅信託，權威來自國民，其權利由國民之代表者〔民治〕行使，福利由國民享受〔民享〕。故知現行日本國憲法已為「民定」憲法。

我國憲法於民國35年12月25日通過，36年1月1日公布，同年12月25日施行之憲法前言「中華民國……為鞏固國權〔民族〕，保障**民權**，奠定社會安寧，增進人民福利〔民生〕，制

定本憲法」；第1條；「中華民國基於三民主義，爲**民有民治民享之民主共和國**」。第2條：「中華民國之主權屬於國民全體」。可知我國憲法乃爲民定憲法。

美國聯邦憲法前言：「美國**人民**……以樹立正義，保障安寧，增進**全民**福利，並謀**人民**永久享受自由幸福，爰制定本憲法。」亦知其爲民定之憲法。

至於憲法是依君主與人民妥協，或與人民之代表機關雙方協議而制定者，稱之「協定憲法」，如英國在1215年由英王與人民妥協（限制國王濫行逮捕拘禁人民，收稅需經同意之建立人民自由權利保障）的「協定憲法」大憲章（Magna Carta, the Great Charter）。

當今世界各國憲法絕大多數都已屬「民定」憲法。

（四）就國家政府權力區分爲三權或五權憲法

三權憲法（There-power Constitution）淵源自法國法政思想家孟德斯鳩所著《法意》（The Spirit of Law）之權力區分原理，將立法、行政、司法獨立規範於憲法，相互監督制衡。

美國聯邦憲法第1條立法權，第2條行政權，第3條司法權；現今法國爲第五共和憲法，第三章政府，第四章國會，第八章司法機關；俱可知爲三權憲法國家，目前各國憲法沿襲遵行三權分立；唯孫中山先生採行歐美三權分立理論，又因襲中國古代固有獨立之考試、監察（彈劾）兩權，而獨自發明創立權能區分，彼此制衡而又互相合作之「五權憲法」。

（五）就憲法是否眞正實施落實效果而分爲規範保障性
　　　（Normative）、名義宣示性（Nominal）、書面語
　　　意裝飾性（Semantic）憲法

　　此區別分類是由德國憲法大師Karl Loewenstein（1891-
1973）所創立區分。

　　規範保障憲法：遵循憲法規範約束，實際保障效度最高，
民主先進國家，如英、美、法、德均屬之。

　　名義宣示性憲法：雖有公布憲法，但無以約束當權者政治
權力，也沒有充分保障人民自由權利，如威權國家憲法。

　　書面語意性憲法：人民自由權利，僅於書面上表面章條符
號（symbolic）裝飾性而已，成爲統治者的表徵與工具，許多
獨裁極權專制國家的憲法即是。[5]

（六）創制性與模仿性憲法

　　前者如美國憲法之三權分立制衡及我國憲法之五權分立而
又相互合作；後者如日本新憲法之模仿美、英憲法而成。

（七）共和與君主憲法之分

　　前者如美國與我國憲法；後者如日本明治憲法。

（八）平時與戰時憲法之分

　　顧名思義，承平時期的憲法稱之平時憲法；而戒嚴年代
〈動員戡亂時期臨時條款〉則含有戰時憲法成分。

（九）總統制、議會內閣制、委員制分類

總統制如美國，議會內閣制如英國，委員制如瑞士之憲法。[6]

（十）是否有意識形態而分類

如德國社會民主主義與共產主義之具有意識形態。

（十一）資本主義與社會主義分類

前者如美、英資本主義國家憲法，後者如社會主義國家憲法。[7]

（十二）單一制與聯邦制之分

前者如日本與我國憲法，後者如美國憲法。

（十三）一院兩院三院制憲法分類[8]

一院制如以色列、紐西蘭憲法，兩院制如美、英、法，三院制如我國憲法依據大法官第76號釋憲文，「國民大會、立法院、監察院共同相當於民主國家之國會」。

基於以上分類，我國憲法是類屬成文憲法，剛性憲法，民定憲法，五權憲法，（接近）規範保障憲法，創制性憲法，共和憲法，平時卻又偶有戰時（動員戡亂時期臨時條款）憲法，兼有總統制與內閣制綜合之雙首長制（半總統制）憲法，單一（國）制憲法。

　　一般論說，民定憲法優於欽定，規範保障性憲法最優，共和優於君主憲法，平時憲法優於戰時憲法。

第二節　我國憲法及人民之自由權利

一、我國憲法制定及增修條文

　　民國元年3月南京臨時政府決議《臨時約法》，孫先生辭大總統職務後，袁世凱權勢擴張，野心更大，於民國四年僭號稱帝；繼而北洋軍閥亂政；14年7月，南方廣州國民政府成立，15年至17年北伐完成，全國南北統一，17年10月於廣州公布《中華民國國民政府組織法》；20年5月5日制定《訓政時期約法》，同年6月1日公布施行；未久發生「九一八事變」；曝露日本軍閥侵華野心，國難方殷。

　　22年1月，國民政府立法院成立「憲法起草委員會」；廣諮博採，徵求各方意見。25年5月5日公布《五五憲草》，凡八章147條。

　　26年7月7日，「盧溝橋事變」爆發，全力對日抗戰；34年8月15日，日本戰敗投降，國土重光，國民政府乃積極制定憲法；唯戰火剛熄，四方滿目瘡痍，而共黨也乘機坐大，政府為加強團結重建國家，乃於35年1月在重慶召開「政治協商會議」，制訂《政協憲草》。

　　35年11月15日，制憲國民大會於南京召開，熱烈廣泛討論憲法草案，同年12月25日憲法三讀通過；其間，制憲國民大會

代表之辛勞曲折妥協包容，爲國家根本大法竭盡心力，忍讓從公之精神，值得後人尊敬推崇。

此憲法於36年1月1日由國民政府公布，同年12月25日施行。

憲法於前言之外，凡十四章175條：

第一章總綱（1～6條），第二章人民之權利義務（7～24條），第三章國民大會（25～34條），第四章總統（35～52條），第五章行政（53～61條），第六章立法（62～76條），第七章司法（77～82條），第八章考試（83～89條），第九章監察（90～106條），第十章中央與地方之權限（107～111條），第十一章地方制度（112～128條），第十二章選舉罷免創制複決（129～136條），第十三章基本國策（137～169條），第十四章憲法之施行及修改（170～175條）。

唯憲法甫剛施行，國共爆發激烈內戰，乃由國民大會於37年4月18日決議通過《動員戡亂時期臨時條款》[9]並訂於5月10日施行。

連署提案此臨時條款之國大代表王世杰說明提案要旨：「在求行憲（與）戡亂並行不悖……應付時局，挽救危機，眞正能行憲而且能戡亂。」

之後此臨時條款又由國民大會於民國49年、55年、61年（皆爲總統選舉年）修正，至民國80年4月22日，經國民大會議決廢止，5月1日由總統明令公布。

49年3月11日，國民大會就《臨時條款》作第一次修正，總統於隔日公布施行，其第三項新增條文：「動員戡亂時期，

總統與副總統連選連任，不受憲法第47條連任一次之限制。」按《臨時條款》為臨時（限時）法，與憲法求永久性（永矢咸遵）不同；為特別法，優先於憲法與普通法；具戰時憲法性質，與平時憲法大不相同。**10**

　　民國64年4月5日，蔣中正總統逝世；77年1月13日，經國總統逝世；依憲法第49條規定李登輝副總統繼任總統；79年，國民大會選舉李總統為第八任總統；85年人民直選李總統為第九任總統。89年3月20日，陳水扁先生以39%相對多數當選總統，首次政黨輪替。

　　自民國80年第一次憲法增修；81年為第二次增修；83年第三次增修，第二條規範自85年第九任總統副總統由人民直選；以得票最多之一組當選。【相對多數當選制】；86年第四次增修；88年9月第五次增修，唯經司法院大法官會議於89年3月24日以釋字499號解釋有關國民大會代表任期延長及擴權案等，違反民主憲政之正當性及有違利益迴避原則為無效；89年4月為第六次增修；94年6月10日總統公布第七次中華民國憲法增修條文，含前言與十二條文。

二、我國憲法對於人民權利之規範保障

　　各國憲法對於人民自由權利保障源遠流長，諸如：英國1215年的大憲章（Magna Carta），限制君主濫權，保障人民自由權利；1628年的〈權利請願書〉（Petition of Right），規範國王需經國會同意始得徵稅，不得任意拘捕人民。1689年的〈民權法典〉（Bill of Rights）保障人民有請願、信教自由，

國會議員在議會內有言論自由；1690年的洛克〈政府二論〉，
保障人民財產與革命權利。

　　法國1762年盧梭《民約論》，提倡天賦人權；1789年法國
的《人權宣言》，人有天賦之自由、反抗專制壓迫、參政立法
權，法律之前一律平等權。

　　美國1776年的〈獨立宣言〉（The Declaration of
Independence），由傑佛遜、富蘭克林起草主稿，宣示人生而
自由平等，有追求自由、幸福、生存之權利，濫權專制橫霸的
政府，人民有權利推翻。

　　1919年的德國威瑪（Weimar，位於德國東部來比錫之西
南方城市名）憲法，保障自由民主之生存權、社會權等國民主
權。

　　1945年6月26日在美國舊金山（三藩市）所簽訂〈聯合國
憲章〉，第一條即標示其宗旨在尊重人民之自由平等與福利之
權利。

　　1948年12月10日之〈世界人權宣言〉（Universal
Declaration of Human Rights），共30條文，宣示尊重基本之自
由權、生存權、工作權、社會權、文化權等人權。

　　我國原本憲法及增修條文，對人民自由權利之規範與保障
有：

1. 平等權：「中華民國人民，無分男女、宗教、種族、階
　級、黨派，在法律上一律平等」（憲法第7條）；「國民受
　教育之機會一律平等」（憲法第159條）；「國家應維護婦

女之人格尊嚴。保障婦女之人身安全，消除性別歧視，促進兩性地位之實質平等。」（憲法增修第10條第6項）。

2. **自由權**：人身自由（憲法第8條），「人民除現役軍人外，不受軍事審判。（憲9），「人民有居住及遷徙之自由」，「人民有言論、講學、著作及出版之自由」，「人民有秘密通訊之自由」，「人民有信仰宗教之自由」，「人民有集會及結社之自由」，「人民之生存權、工作權及財產權，應予保障」。（憲10-15條）。

3. **受益權**：「人民有請願、訴願及訴訟之權」（憲16，行政及司法受益權），「人民有受國民教育之權利」（憲21）及國家賠償請求權（憲24），工作機會（憲152），工作待遇（憲165）。

4. **參政權**：「人民有選舉，罷免，創制及複決之權」（憲17），「人民有應考試服公職之權」（憲18），及依法有選舉與被選舉之權（憲130）。

　　以上為「列舉」權，但人民自由權利繁多，難以一一列舉，制憲年代時空背景與顧慮兩難，至當今社會之新潮思維與人權照顧保障，法應與時俱進，是故乃有憲法第22條：「凡人民之其他自由及權利，不妨害社會秩序公共利益者，均受憲法之保障」的「概括式」自由權利。

　　有哪些自由權利，是我國憲法未列舉而可能含括於憲法第22條「概括式」的新人權呢？比較簡易求得共識者，有人民對國家政府政治資訊的「知之權利」，對不雅粗俗姓名之申請更改（大法官釋字399號已解釋），及環保權（空氣、水、森林

生態、遊憩景觀），人類自然與人文古蹟等之健康舒適遊賞休閒權利，已於增修條文第10條第2項規範：「經濟及科學技術發展，應與環境及生態保護兼籌並顧」。

極為兩難（dilemma）困境，正反（贊成與反對者）兩面爭論不休，僵持不下之「概括」新人權還有：個人私領域之隱私權及對自己生命、身體的處理、家庭之形成與其維持之有關新人權，如合意性交〔通姦〕除罪化；墮胎（殺掉胚胎生命）之Pro-life Side Vs.流產（視為婦女對自己身體處理自由權，即Pro-Choice Side）；安樂死（Euthanasia，以「尊嚴」或「辭退」來自己決定結束生命）；因憲法第15條「人民之生存權應予保障」與23條「必要性之比例原則」所引發之「死刑存廢論」爭議；及同性戀婚姻（對家庭的形成及其維持）之正反兩面的新人權觀點思想。[11]

第三節　中央政府憲政體制類型

當今世界各國中央政府憲政體制類型，依學者專家之研究，通常可歸納有：

一、總統制（Presidential system）

二、議會內閣制（Parliamentary system）

三、雙首長制（Hybrid system）又稱半總統制（Semi-presidentialism）或稱混合制

四、委員制

以上類型，各有其特色表徵及其優缺點；依據我國憲法

學者謝瑞智教授的專精研究及統計分類，在當時（2001年）世界192國之中，總統制國家有82國（美國、阿根廷、巴西、智利、墨西哥、巴拿馬、哥斯大黎加、哥倫比亞、波利維亞；葡萄牙；韓國、菲律賓、印尼、巴基斯坦、伊拉克；埃及、南非、馬拉威、尚比亞、肯亞、象牙海岸、尼日、賴比瑞亞等）。內閣制國家有61個（英國、日本、加拿大、義大利、荷、比、盧、挪威、瑞典、丹麥、新加坡、泰國、馬來西亞、以色列、紐西蘭、澳大利亞等）。雙首長制國家有法國第五共和國與我國等。委員制的國家有瑞士、阿富汗等國。[12]

一、總統制

美國是典型總統制（Presidential system）國家。行政首長為民選總統，國務員不兼任議員，除總統用咨文向國會陳述意見外，其他政府官員均不列席國會。總統對法案有否決權，總統既無解散國會權，國會亦無提不信任案權。

（一）總統制特徵

1. 負責實際行政責任：總統為國家元首，亦為行政首長。
2. 國務員為總統僚屬，直接對總統負政治責任。
3. 行政與立法互相制衡，國會可利用立法權，牽制行政機關，總統對於經議會通過之法案，得退回議會覆議，此即總統之否決權。

（二）總統制優缺點

1. **總統制優點**：行政機關與立法機關幾乎完全獨立，採行分權制衡，總統為國家元首，議會不得對總統行不信任案。
2. **總統制缺點**：總統掌握行政大權，總統個人的性格與專斷可能使國家流於專制獨裁；當行政（總統）與立法（國會）意見極端又不合時，易形成政治僵局。

二、議會內閣制

英國是實施議會內閣制（Parliamentary system）國家。首相（總理）與其他國務大臣所組成之內閣擁有實際行政權，國家元首（如女王或國王）只擁有虛位，內閣是對眾議院（下議院）負責，內閣總理與國務大臣可兼任國會議員，閣員應出席國會接受質詢，因此行政權與立法權連結一起。

（一）內閣制特徵

內閣閣員由內閣總理推舉，提請元首任命。內閣總理及閣員至少半數以上由議員兼任，故又稱為「議會內閣制」。內閣由多數黨議員領袖組成，內閣與議會乃結合在一起；國家元首僅擁虛位，因此內閣負實際政治責任，故又稱為「責任內閣制」。內閣與國會互相制衡，國會隨時可能追究政府之政治責任，通過對政府之不信任案，內閣即須總辭；惟內閣亦能呈請元首解散國會。

（二）內閣制優缺點

1. 內閣制之優點：立法與行政能互相結合，因內閣成員是議會議員，使政府的政策能順利完成立法手續實現民意政治，內閣對議會與選民負責，議會得以不信任投票，迫使內閣辭職，而內閣亦得以呈請元首解散國會。

2. 內閣制之缺點：破壞分權原則，內閣閣員由議員兼任，類似成為議會之行政委員會；內閣與議會相互對抗，倘議會之內小黨林立，往往因各黨利害之不同，造成內閣時常更換，政局動盪不定。

三、雙首長混合制

我國憲法與法國第五共和國憲法具有雙首長混合制性質。

（一）現行我國政府國會體制具有總統制之特徵

1. 總統由人民直接選舉，對人民負責。

2. 行政院院長由總統任命。（增修第3條第1項）

3. 立法權與行政權分明，立法委員不得兼任官吏。（憲75）

4. 行政院對立法院決議之法律案、預算案、條約案，如認為有窒礙難行時，得經總統之核可，移請立法院覆議。覆議時如經全體立法委員二分之一以上之決議維持原案，行政院院長應即接受該決議。（增修第3條第2項）

（二）我國政府國會體制具有內閣制之特徵

1. 行政權屬於行政院，行政院會議由行政院長主持。行政院
   會議有議決法律案、預算案、戒嚴案、大赦案、宣戰案、
   媾和案、條約案及其他重要事項之權。（憲58）
2. 行政院對立法院負責，行政院院長、各部會首長得出席立
   法院陳述意見，提出法案。（憲57、58、67、71）
3. 立法院得經全體委員三分之一以上連署，對行政院長提出
   不信任案。如經全體立法委員二分之一以上贊成，行政院
   長應提出辭職，並得同時呈請總統解散立法院（增修三條
   第二項）。[13]

（三）雙首長制優缺點

　　優點有：1.不信任案倒閣權與解散權機制，可化解行政
與立法（國會）僵局；2.強化總統權力，較不受國會（立法機
關）牽制。缺點則有：1.總統與閣揆（行政院長）之權力區分
不明確，可能爭權引發政爭；2.易形成總統有權無責而閣揆有
責無權，不合責任政治之原理。

四、瑞士的委員制

　　瑞士行政大權是由聯邦委員會的七位委員所分享，他們是
聯邦國會聯席會議兩院所選任，任期四年，並向國會負責。七
位行政委員中，國會選任其中一位擔任主席，他的頭銜是聯邦
總統（President of the Confederation），任期只有一年，且不

能連任。（瑞士聯邦憲法第95、96、98條）但可以隔屆再被選任，不過總統除了頭銜外，並無特別的權力與地位，職權與其他行政委員完全相同。

（一）委員制的優點

1. 集體領導集思廣益足防專制獨裁。
2. 權位平等可免政爭利用。
3. 委員制符合民主精神，在民主國家，官吏乃受人民委託之公僕，不應與代表人民全體的議會對抗，此亦符合民主原理。

（二）委員制的缺點

1. 國事曠日廢時討論，難收執行迅速功效。
2. 委員職權平等，難免遇事推諉，責任缺乏明確。[14]

註解

1. 轉引自詹同章，《政治學新義》，頁249-250。
2. 詹子賢，《印度憲法與憲政》，收錄於鄭端耀主編，《印度》，頁25與27。林正順、陳龍騰，《當代國際關係》，頁281。
3. 高德源譯，李帕特著，《三十六個現代民主國家的政府類型與表現》，頁238-239與頁57。
4. 與註3同引書，頁243。

5. 請參閱謝瑞智，《憲法概要》，頁7；王保鍵，《圖解政治學》，頁96；隋杜卿，《憲法與人權》，收錄於陳義彥主編，《政治學》，頁144-145；任德厚，《政治學》，頁561。

6. 陳水逢，《中華民國憲法論》，頁6-8與頁22。

7. 陳新民，《中華民國憲法釋論》，頁24-27。

8. 黃炎東，《中華民國憲法新論》，頁12-13；黃炎東，《新世紀憲法釋論》，頁10-13。

9. 請參閱林紀東，《中華民國憲法逐條釋義》（第一冊），頁2-6與9-15。

10. 李念祖，《動員戡亂時期臨時條款在我國憲法上之地位》，台大法研所碩士論文，69年6月，頁154-155與頁165-166。

11. 請參閱謝瑞智，《憲政體制與民主政治》，頁40-41，〈新的人權〉；謝瑞智，《憲法新論》，頁274-276，〈生存權與死刑〉，〈生存權與安樂死〉，〈環境權〉。並請參閱本書第二篇憲法第二十二條之概括釋義。

12. 謝瑞智，《世界憲法事典》，頁3；謝瑞智，《比較憲法》，頁407-410。

13. 中央政府憲政體制類型，主要參考恩師謝瑞智教授，《憲法概要》，頁259-264；《憲法新論》，頁503-529。黃炎東，《憲政論》，頁220-228，〈各類中央政府體制〉。

14. 彭懷恩，《政治學講義》，頁267-268。

第三章

選舉制度概論

第一節　選舉意義及其功能

　　選舉權（Suffrage）是現代民主國家的基本政治權利，目前每個國家的公民，大多有選舉權。然而，早期的選舉投票是有不少限制，諸如：

1. 教育識字的限制：美國早期限制黑人必須識字始得投票資格。（至1870年的美國增補條文第15條規定：「美國任何公民之選舉投票權，不得因種族膚色，而否定或剝奪之」）。

2. 種族的限制：上述美國外，南非黑人要到1994年才有選舉投票權。

3. 性別（尤指婦女投票權）的限制：美國要到1920年（美國憲法在第19條增補條文：「美國或各州不得因性別關係而否定或剝奪美國公民之選舉投票權」；英國要到1928年，法國到1944年，沙烏地阿拉伯更是遲到2015年才給予婦女投票參政權。

4. 收入財產權的限制：如十九世紀時的英國。

5. 年齡的限制：現今世界各國的選舉權年齡絕大多數都已訂在滿18歲以上，唯韓國訂19歲，諾魯20歲，斐濟、中非、黎巴嫩、沙烏地阿拉伯、東加王國、馬來西亞、新加坡

等，都限制要滿21歲，始有投票權。[1]

6. 居住期間的限制：通常限制要在投票地居住滿幾個月（不等），始得選舉。

7. 罪犯：即「褫奪公權」之限制。

　　按，我國憲法第17條規定，人民有選舉權，第130條規定，國民有選舉及被選舉之權，第134條，規定各種選舉，應規定婦女當選名額；第七次增修第10條第6項，國家應促進兩性之實質平等。

　　依據英國政治學者海伍德（Andrew Heywood,1952- ）的見解，選舉有下列幾項功能作用：

1. **甄補選拔政治人物**（Recruiting politicians）：在民主國家，選舉是甄補政治人物的重要管道，各政黨政團透過選舉，提名優異菁英份子，接受民主選舉的洗禮，進入政治圈。

2. **組成政府**（Making government）：包括美國、法國等國家的國家元首、行政首長是透過選民直接選舉產生，並組成政府。

3. **提供代表性**（Providing representation）：當選舉公平而有競爭性時，經由選舉方式，使得選民公眾的需求，可以傳達到政府內。

4. **影響政策**（Influencing policy）：透過選舉，選民可真正直接影響國家政府政策決定。

5. **教育選民**（Educating voters）：競選過程中，提供選民候選

人、政黨、政策主張政見、政府政績等豐富資訊知識，且舉辦致力於政治公共利益議題辯論，可產生教育選民效果。

6. 建立政府正當性合法化（Building legitimacy）：經由鼓勵公民參與政治，賦予選舉具備儀式程序上的地位與重要性，塑造政府統治體系之正當性合法化（Legitimate），即使威權體制亦然。

7. 強化菁英力量（Strengthening elites）：透過選舉政治競爭，無論是在位執政黨或者是在野反對黨的精英優秀人才，皆可經由參與政治管道而展現強化其菁英力量。[2]

第二節　選舉制度區別分類

世界各主要國家的選舉制度，五花八門，分類繁多，尤其又加上各國的歷史、地域、文化、語言、宗教、政黨意識形態的差異分歧與演化變遷，使得選舉制度更加複雜繁瑣，不易一一瞭解。

茲僅依據Arend Lijphart，以及我國對「選舉制度」有長期專精研究的政治學者吳重禮、王業立、黃炎東、彭懷恩等教授的歸納分類[3]，於此先列表圖示，再一一概介，以便初學者容易瞭解。

單一選區相對多數決或過半數絕對多數決（Relative Plurality or Absolute majority）	**相對多數決**（Relative Plurality）：	美、英、加拿大、印度、紐西蘭（1946-93）等。
	絕對多數決、兩輪投票制（Absolute Majority or Two ballot system）：	法國第五共和（1986除外）
	選擇性投票制（alternative vote, or preferential ballot）：	澳大利亞

複數選區相對多數決制（Plurality with Multimember-District System）	**全額連記法**（Block Vote）：	日本（1889）
	限制連記法（limited vote）：	日本（1946）
	單記非讓渡投票制（Single non-transferable vote -SNTV）：	日本（1947-93）

比例代表制（proportional representation）	**名單比例代表制**（list proportional representation）：	荷、比、盧；挪威、瑞典、丹麥、冰島、芬蘭；瑞士、義大利（1946-92）、法國（1986）；西班牙、葡萄牙、希臘、以色列等。
	單記可讓渡投票制（single transferable vote-STV）：	愛爾蘭、馬爾他（Malta）

混合制（Mixed or Hybrid Systems）	聯立制	德國
	並立制	日本

一、「相對多數決制」

是指只要候選人的選票「相」互比「對」領先其他人，即可當選，且不需一定要過半數；又以選區規模（選幾人）的差異，而分單一選區與複數選區的的相對多數決制：

（一）單一選區相對多數決制

應選名額只有一名的「勝者全拿」（Winner-Take-All），我國的總統、（省）市長，縣市長，鄉鎮長等各級政府首長選制，即屬於這一種。

（二）複數選區相對多數決制

選區應選名額多於一（大於一）時，乃所謂「複數選區」；通常應選名額2～5名，稱「中選區規模」；應選名額為6名或以上者，屬稱「大選區規模」；選舉開票，依應選名額多少，候選人以得票高低依次當選。此制依可圈選候選人數目之不同，又分為：

1. 全額連記制（Block Vote）：指複數選區中，應選名額幾人，選民即可圈選幾人的方式。

2. 限制連記制（Limited Vote）：指選民可圈選的人數，少於應選名額制度。

3. 單記非讓渡投票制（Sigle Non-Transferable Vote）：指不論應選名額若干，每位選民只能圈選投一票（單記）的方式；而所謂「非讓渡制」，是指不論候選人得到多少選

票,都不能將多餘選票移轉讓渡給其他候選人之制度;而有別於愛爾蘭、馬爾他等國實施的「單記可讓渡投票制」(Singe Transferable Vote)。

在過去,日本是最先使用「單記非讓渡投票制」的國家,我國與韓國亦然。唯南韓於1988,日本在1994年已先後廢除此制度。[4]

二、「絕對多數決制」(Absolute Majority)

是指當選人之票數要超過有效選票一半的制度,又分為兩類:

(一) 兩輪投票決選制 (Two-Ballot System or Runoff Election)

選舉在第一輪投票後,如有候選人已得過半數選票,則已獲勝;但如沒任何候選人得過半數,則在第一輪獲得最高較多票的前兩位得票候選人,要在選舉法規日數內,如法國規定次一星期日[5],我國於民國39年至40年的第一屆縣市長選舉法規,規定二十天內[6]再舉辦第二輪投票。由於此時只剩兩位候選人的簡單多數決(Simple Majority),自然會產生得到半數以上的有效票數當選人。

之所以採用「兩輪決選過半多數當選制」之理由目的是希望避免「少數」(minority)總統、首長、代表而發生其民意代表性不足的問題出現,亦即要確保穩固其統治基礎。

法國第五共和國是採用「兩輪決選制」最有名的典型例子

國家；其他在拉丁美洲之阿根廷、巴西、智利；俄羅斯、土耳其等國家的總統選舉，也是採行兩輪投票決選制。

目前世界上總統由人民選出的國家，採用「兩輪決選制」的，遠較多於採行「一輪投票決」的國家；而我國的總統由人民直選制即是採行「一輪投票決」，但是前述於民國39年至40年，我國舉辦的第一屆縣市長選舉，卻是採用過一次「兩輪投票決選制」。[7]

第一屆縣市長的「兩輪投票絕對多數當選制」，在苗栗出現極激烈而離奇的過程：40年4月1日，舉行第一輪投票，黃運金（日後「劉黃演義」之黃派掌門人）總得票數最多，勝過第二名的劉定國，但黃的得票率只占總投票數之48.8%，未達當時〈縣市長選罷規則〉第27條：「縣市長之選舉，以有全縣市過半數公民之投票，得票超過投票人總數之過半數者為當選。」（極嚴格之雙重過半數法規）；又因此17條後項規定，「應就得票較多之前兩名候選人，於二十日內舉行第二次選舉，以得票較多者當選。」第二次投票，劉定國反而贏過黃運金，劉的得票率50.2%，應獲當選。唯劉定國當時仍為現役軍人，未辦妥退役手續，依當時法規，黃運金告上法院，最後高等法院判決劉定國當選無效。

黃、劉先後未當選，出乎意料，非執政當局所樂見，乃協調雙方不要再投入繼續本屆縣長競選。第三次由黃焜發、李白濱等七人投入選舉，投票當天下大雨，投票率僅有38%，未過半數，選舉無效。同年7月22日舉辦第四次投票，仍是皆未過半數，無人當選。7月29日，舉行第五度投票，透過巧妙運

作，黃派不樂見傾劉派的李白濱出現，乃傾全力扶助較少派系色彩而爲黃派大將之林爲恭（日後之苗栗第四、五屆縣長）所支持的賴順生；於是，賴順生成爲苗栗縣第一屆縣長。

　　法國第五共和總統的「兩輪投票過半多數當選制」，更出現奇妙有趣的選舉過程與結果。法國第五共和的**戴高樂**（Charles de Gaulle）於1962年透過公民複決，將**總統選舉改爲公民直選**且「**兩輪投票過半數當選制**」。

　　然而，在1981年的大選，第一輪投票結果，前兩名之季斯卡（Giscard）以28.3%勝過密特朗（Francois Mitterrand）的25.8%；繼續第二輪投票，只剩兩人之簡單多數決（Simple majority），竟然翻轉爲**密特朗**以51.8%贏過季斯卡的48.2%而奪得總統寶座。1995年又發生一次，第一輪投票得票較多之前兩名的喬斯潘（Jospin）以23.3%勝過席哈克（Jacques Chirac）的20.8%；再行第二輪投票，居然又翻轉而由席哈克的52.6%贏過喬斯潘的47.4%，**席哈克當選總統**。[8]

　　從另一個角度思考研究，我國的總統與直轄市市長等之選舉，是採用「相對多數當選制」；比如民國83年（1994）的台北市長選舉結果，陳水扁得票率約44%，趙少康約30%，黃大洲約26%，由陳水扁當選。而民國89年（2000）的總統大選，陳水扁得票率39.3%，宋楚瑜36.84%，連戰23.1%，許信良0.63%，李敖0.13%，陳水扁在驚險中當選。

　　一些對選舉制度有長期專精研究的學者教授深思提及，如果我國是採行法國式的「二輪投票絕對多數當選制」（當今世界上，由人民選舉總統的國家，採行絕對多數當選制的，遠多

於採用相對多數當選制）**9**；那麼，1994年的台北市長選舉，與2000年的總統選舉，結果當選人是否會不一樣？

（二）選擇投票制或稱「偏好投票制」

這是**澳大利亞**眾議員的選制，開票時，如無任何候選人得到「第一偏好票」的過半數，就將獲得「第一偏好票」最少之候選人刪除，而將其選票依「第二偏好」移轉給其他候選人，此轉移過程持續進行，一直到有候選人得過半數選票贏得勝利為止。

讓我們舉一個簡例說明：假定有4名候選人（甲、乙、丙、丁）在選民的第一順位偏好，分別獲得41%、29%、17%與13%的選票；由於沒有候選人在第一順位偏好取得絕對多數，於是候選人丁被刪去。讓我們又假定，在丁所得的選票之第二順位偏好皆投給丙；經計算後，丙現在擁有30%的選票；甲是41%，乙是29%。於是乙被刪去，使得剩下甲與丙的競爭，他們之中有一人會得過半絕對多數選票而當選。

此過程一次刪去一位得票最少之候選人，選民只要一輪投票而持續移轉過程即可，也就是不需再有數天後之「第二輪投票」，所以被視為法國式「兩輪投票絕對多數當選制」的改良模式。**10**

三、比例代表制

比例代表制是當今實行於歐陸國家的選舉制度，比利時早在1899年就實施，成為第一個採用比例代表制的

國家。顧名思義，比例代表制在強調「比例的代表性」
（Proportionality），期望各政黨（尤指小政黨）能在議會中
所應有的席次比例，而且要儘量符合各政黨在選舉中所得致之
選票比例。

　　相對於兩大黨制，比例代表制的優點，即在維護小黨權
益，凸顯政黨色彩而淡化個人色彩，讓小黨比較有機會存活，
反映多元少數民意，而且選民有較多選擇，不必擔心只有兩大
黨出頭而浪費手中選票。

　　由於歐陸國家所採用之比例代表制，主要的計票公式有
（一）最大餘數法（Largest Remainder system）：當選基數
有1.黑爾基數（Hare quota）；2.哈根巴赫基數（Hagenah-
Bischoff quota）；3.族普基數（Drop quota）；4.因皮立亞里
基數（Imperiali quota）；（二）頓特最高平均數法（d'Hondt
Highest Average System）；（三）聖拉葛最高平均數法
（Sainte-Lague Highest Average system）。乃數學統計家提出
的記票公式與當選基數，極為複雜而不易瞭解，茲不贅述，敬
請鑒諒。

四、混合制（聯立制與並立制）

　　「聯立制」是以第二票（政黨得票率）為準來決定各政黨
應得總席次，扣除各黨在單一選區已當選的席次，再來分配比
例代表席次。而「並立制」則是政黨依其政黨得票率直接分配
比例代表名額，與各政黨在區域選區中已當選席次多寡無關。[11]

　　我國從2008年之第七屆立委，開始採用「單一選區兩票並

立制」，選民可投兩票，一票投區域立委候選人，依相對多數決產生；另一票投政黨，各政黨依其政黨票之得票率來分配席次。既促進兩大黨競爭，也照顧到弱勢小黨及反映多元民意。依據英國「比較選舉制度」學者Pippa Norris（1953-）的分析統計，在他的研究世界一百七十個國家中，採行所有「**多數當選制**」的國家最多，占83國；其次所有「**比例代表制**」的國家占61國；而所有「**混合制**」國家，占26國。**12**

註解

1. 請參閱https://zh.wikipedia.org/wiki/各地投票年齡列表。

2. Andrew Heywood, Politics, p. 213.

3. 請參閱Arend Lijphart著，高德源譯，《三十六個現代民主國家的政府類型與表現》，頁161-162；吳重禮，《政黨與選舉》，頁298-299；王業立，《比較選舉制度》，第二章〈民主國家的選舉制度〉；黃東炎，《選舉制度之研究》，頁40-51；彭懷恩，《比較政治新論》，頁203-214。

4. 王業立，同註3所引書，頁20-21與頁176。

5. 法國第五共和憲法第7條。

6. 〈第一屆縣市長選罷規則〉第17條。

7. 趙永茂等著，《中華民國發展史（政治與法制）》，頁288；王業立，《比較選舉制度》，頁23與頁95。

8. 王業立，同註3前引書，頁70-71。

9. 傅恆德，〈絕對多數制有代表性正當性〉，聯合報，86年7月15日，11版。

10. Arend Lijphant著，張慧芝譯，《選舉制度與政黨體系》，頁26。

11. 王業立，《比較選舉制度》，2006年4版，頁17-25與頁34-35。梁世武等，《21世紀台灣投票記錄》，頁6，〈單一選區兩票制之種類〉。

12. Pippa Norris, Electoral Engineering: Voting Rules and Political Behavior, p. 85.

第四章

立法機關國會

第一節　民主國家的國會

一、國會定義及稱謂

　　世界各國的立法機關，通常稱作國會，唯其稱謂並不一致；英國稱之「巴力門」（Parliament），美國稱作Congress，法國稱為「國民會議」（National Assembly），德國稱為Bundestag（聯邦眾議會）與Bundesrat（聯邦參議院）等。

　　我國現行憲法上未有「國會」一詞，唯於民國43年底，我國欲申請入會「世界各國議會聯盟」（Inter-Parliamentary Union），乃發生我國究應由何機關代表「國會」之爭議[1]；其後於民國46年5月3日，作成**大法官釋字第76條解釋文**：「我國憲法係依據孫中山先生之遺教而制定，於國民大會外並建立五院，國民大會代表全國人民行使政權，立法院為國家最高立法機關，監察院為國家最高監察機關……雖其職權行使方式，不盡與各民主國家國會相同，但就憲法上之地位及職權之性質而言，應認國民大會、立法院、監察院共同相當於民主國家之國會。」[2]

　　立法機關國會乃基於權力分立（三權或五權）而設，是由眾多的議員組成之合議制機關，議員形式地位平等，通常以投

票方式來得到多數決議。

二、國會的職權功能

世界民主國家之立法機關國會的職權功能，約有下列幾項：

（一）民意代表功能

國會為國家政府民意機關，議員（立法委員）反映選民的意見及權益，監督政府行政部門；如我國憲法第62條：「立法院……代表人民行使立法權」。

（二）立法制定法律

立法機關，顧名思義，就是在制定法律；以我國立法院而言，憲法第62條：「立法院為國家最高之立法機關，由人民選舉之立法委員組織之，代表人民行使立法權」；第63條：「立法院有議決法律案、預算案……之權」；第170條：「本憲法所稱之法律，謂經立法院通過，總統公布之法律。」

（三）監督國家預算職權功能

國會立法機關負責審查及刪改國家預算，在為人民看緊荷包。我國憲法第63條：「立法院有議決法律案、預算案……之權。」

（四）傳達民意訊息而負政治教育功能

立法機關常透過對行政部門之質詢或舉辦公聽會等，傳

達民意給政府施政做參考或採納，深負社會溝通及政治教育功能。我國憲法第67條：「立法院得設各種委員會；各種委員會得邀請政府人員及社會上有關係人員到會備詢」。第71條：「立法院開會時，關係院院長及各部會首長得列席陳述意見」。

（五）提出不信任案另推選新閣揆

內閣制國家，可通過不信任案，迫使當任首相或總理去職下台，另行再推選新首相（總理）。我國現行憲法增修條文第3條第2項：「立法院得經……對行政院院長提出不信任案……如經全體立法委員二分之一以上贊成，行政院院長應於十日內提出辭呈」。

（六）國會彈劾案

一些國家的立法部門也具備有準司法職權功能，比如美國的國會擁有權力彈劾聯邦政府的任何官員，含括總統、副總統和內閣閣員等；美國憲法第1條（立法部門）第3項參議院（The Senate）第6款：「參議院有審判一切彈劾案之權」（The Senate Shall have the sole power to try all Impeachments.）。我國現行憲法增修條文第2條第9項：「立法院提出總統、副總統彈劾案，聲請司法院大法官審理，經憲法法庭判決成立時，被彈劾人應即解職」；第4條第6項：「立法院對於總統、副總統之彈劾案……聲請司法院大法官審理」。

（七）人事同意權

　　行政部門在任命某些官員，必須得到國會部門的同意。
比如美國憲法第2條（行政部門）第2項（總統權力）第2款：
「總統提名大使、公使、領事、最高法院法官及美國政府其他
官員，需經參議院之建議勸告及同意而任命之。」我國現行
憲法增修條文第5條：「司法院設大法官十五人，並以其中一
人為院長，一人為副院長，由總統提名，經立法院同意任命
之」；第6條：「考試院設院長、副院長各一人，考試委員若
干人，由總統提名，經立法院同意任命之」；第七條：「監察
院設監察委員二十九人，並以其中一人為院長，一人為副院
長，任期六年，由總統提名，經立法院同意任命之」。

三、立法機關國會結構院制

　　世界各民主國家之立法機關國會，其結構組織，有採行一
院制（Unicameral System）者，也有採用**兩院制**（Bicameral
System）的。

　　凡是由民選的議員組成一個團體，單獨行使國家最高立法
權者，稱作「一**院制**」；而由人民選舉或其他方式產生之議員
組成兩個議院，分別開會行使國家之立法權，在兩者之議決一
致時，始發生效力者，稱為「**兩院制**」；約有三分之二大多數
的民主先進國家，是採用「兩院制」的。

　　兩院制的議會（國會），一院是代表國民的，稱
之平民院（House of Commons）、眾議院（House of

Representatives），下議院（The Lower House）或第一院（The First Chamber）；另一院則稱作貴族院（House of Lords）、參議院（The Senate）、上議院（The Upper House）或第二院（The Second Chamber）。

在大多數民主兩院制的國家，通常代表人民的下議院（眾議院）的權力大於上議院（參議院）；唯獨美國是例外，其參議院仍有很大權力。

美國聯邦憲法第1條第1項：「本憲法所授與之立法權，均屬於由參議院及眾議院組成之國會。」（All legislative Powers herein granted shall be vested in a Congress of the United States, which shall consist of a Senate and House of Representatives.）

加拿大1867及1982年的憲法界定國會「由女王，上院式的參議院，以及眾議院所組成（consisting of the Queen, an Upper House styled the Senate, and the House of Commons.）[3]

日本國憲法第42條：「國會以眾議院及參議院之兩院構成之。」

法國第五共和憲法第24條：「國會包含國民議會及參議院。」

德國基本法（The Basic Law, 1949年5月23日公布，1990年10月3日德國統一）第三章聯邦眾議會The Federal parliament（Bundestag），第四章聯邦參議院（Bundesrat）。

瑞士聯邦憲法第二章聯邦議會（The Federal Assembly）第71條：「聯邦議會由兩院（國民院、國家院）組成之。」

印度立法機關聯邦議會採上、下兩院制，上院聯邦院代表

各邦，下院稱作人民院（House of the people），代表人民；是由英國兩院制會議傳統引進而來。[4]

以上所舉美、加、日、法、德、瑞士、印度等國，皆屬民主國家強勢（strong）或中等強度（medium-strength）度的「兩院制」。[5]

主張「一院制」或「兩院制」者，各有其理由及優缺點。贊成「一院制」者，認爲其優點理由爲：1.只要一院組織單純，國家政治權力可集中；2.議會通過效率較高，可節省時間、心力及國家預算經費；3.責任清楚明確。「一院制」的缺點是：1.代表性較不足，不若兩院；2.立法難免流於衝動武斷，因議決匆促而過於草率、疏忽。

贊成擁護「兩院制」的理由優點是：1.兩院擴大了代表性，表達人民與各州的權益，兼顧中央與地方利益，如美國；既保護平民權益，也能照顧到特殊團體（貴族）利益，如英國；2.兩院更充分的人力、時間審議法案，多方考量，集思廣益，避免一院制之專斷輕率；3.有兩院可揭發政府弊端缺失，以牽制政府部門龐大權力。

「兩院制」的缺點有：1.兩院制互相牽制，造成審議法案之複雜困難性，拖延耽誤立法行程，效率不彰；2.兩院意見衝突，出現歧見時，可能導致政治僵局；3.形成政治責任不明。

至於我國在五權憲法體制下，到底是一院制、兩院制或三院制，歷來爭議不休，依據大法官釋憲第76條解釋，我國似形成三院制（國民大會、立法院、監察院）；唯在民國81年之我國憲法第二次增修條文第15條：「監察委員由總統提名，經國

民大會同意任命之」；與82年7月23日之**大法官釋字第325號解
釋文：「監察院已非中央民意機構」**及現行第七次增修條文第
7條第3項：「監察委員由總統提名，經立法院同意任命之。」
更且在民國89年4月之**第六次增修條文第1條第4項：「國民大
會代表任期至中華民國八十九年五月十九日止」**，表示國大代
表之歷史任務，大功完成，至此告一段落。亦即，依憲法增修
條文規定，我國之國會院制，已確定爲立法院一院制之單一國
會。

　　Arend Lijphart在其經典鉅著《三十六個現代民主國家的
政府類型與表現》，分析統計有23個國家（英、美、加、德、
奧、法、義、瑞士、愛爾蘭、荷蘭、比利時、西班牙、日本、
印度、澳大利亞等），**屬於「兩院制」國家**，接近占有2/3；
一個半國會有二國（挪威，1991年前的冰島）；以及盧森堡、
葡萄牙、芬蘭、希臘、丹麥、以色列、紐西蘭、哥斯大黎加、
馬爾他、模里西斯、韓國等11國爲「一院制」國家，占有不到
1/3。[6]

第二節　行憲後之我國立法院

　　民國35年（1946）12月25日制憲國民大會通過我國憲法，
36年1月1日國民政府公布，同年12月25日施行。

　　依中華民國五權憲法產生之首屆立法院計有760位立法委
員，於37年（1948）5月7日，集會於首都南京，經過預備會
議，制定議事規則，在5月18日正式開會，是爲行憲第一屆立

法院第一會期第一次會議。[7]

第一屆立法委員，依據憲法第64條規定選出的委員[8]，計有760位：

區別	姓名
江蘇省	林棟、仲肇湘、汪寶瑄、牛踐初等。
浙江省	陳立夫、樓桐孫、陳蒼正、倪文亞等。
安徽省	劉真等。
江西省	梅汝璈、彭醇士等。
湖北省	劉先雲、鄧翔宇、胡秋原等。
湖南省	朱如松、楊幼炯、鄧公玄、蕭贊育、莫萱元、邱昌渭等。
四川省	李公權、皮以書等。
河北省	張寶樹、吳延環、陳紀瀅、崔書琴等。
山東省	張靜愚、杜光塤、傅斯年、楊寶琳等。
山西省	張子揚、鄧勵豪等。
河南省	張金鑑、李雅仙、劉錫五等。
青海省	丑輝瑛等。
福建省	丘漢平等。
台灣省	黃國書、蔡培火、鄭品聰等。
廣東省	吳鐵城、鄭彥棻、陳紹賢、梁寒操等。
廣西省	黃紹竑等。
雲南省	楊家麟等。
貴州省	谷正鼎、劉健群、張道藩等。
遼寧省	周慕文等。
安東省	關大成等。

區別	姓名
遼北省	梁肅戎等。
吉林省	程烈等。
黑龍江省	郭德權等。
熱河省	趙自齊等。
察哈爾省	童冠賢等。
綏遠省	莫淡雲等。
新疆省	愛美娜等。
南京市	劉百閔等。
上海市	王新衡、顏惠慶、馬樹禮等。
北平市	成舍我、王靄芬等。
天津市	王任遠等。
大連市	汪漁洋、侯庭督等。
廣州市	孫科、吳尚鷹等。
瀋陽市	金紹賢等。
僑民	李繼淵等。
職業團體	端木愷、吳望伋、陸京士、王世憲、黃少谷、程滄波、胡健中等。

　　民國38年（1949）年底，大陸淪陷；民國39年（1950）2月，立法院隨著國民政府中央播遷來台，繼續行使立法權；當時來台立委有557位。[9]39年3月1日，蔣中正先生在台北總統府宣布復行視事，並發表復職文告。43年1月29日，司法院大法官釋字第31號解釋文：「值國家發生重大變故，事實上不能依法辦理次屆選舉時，……在第二屆委員未能依法選出集會與召

集以前，自應仍由第一屆立法委員，繼續行使其職權」。

58年舉辦增補選立委，計有劉闊才、謝國城、梁許春菊、黃信介等十一位。

61年、64年、69年（原應於67年底舉辦之增額立委選舉，因中美中止邦交，總統發布緊急處分令，暫時停止選舉）、72年、75年、78年共有六次之增額立委選舉。

79年6月21日，大法官釋字第261號解釋文：「爲適應當前情勢，第一屆未定期改選之中央民意代表，應於八十年十二月三十一日以前終止行使職權」。

80年12月31日，因當時情勢時代背景及政治現實與代表性政治道德因緣，43年未曾改選之資深立法委員，應該是功成身退，終於來到謝幕的時候。同年4月也廢止實施43年的〈動員戡亂時期臨時條款〉。

81年（1992）1月，立法院三讀通過增訂立法院〈立法院組織法〉條文，正式設立立法院黨團辦公室；依現行「立法院組織法」第33條：「黨團辦公室由立法院提供之」，正式將黨團設入立法院組織，給予黨團在立法院之正當合法地位。81年11月，選出第二屆立法委員161人，於82年2月1日宣誓就職，我國立法院邁向歷史新頁。自民國37年5月的第一屆（立法委員）至第九屆的歷屆立法院長姓名：

孫科（37年5月～同年12月）。

童冠賢（37年12月～38年10月；38年10月～39年12月，劉健群副院長代理院長）。

劉建群（39年12月～40年10月；40年10月～41年3月，黃

國書副院長代理院長）。

　　張道藩（41年3月～50年2月）。

　　黃國書（50年2月～61年2月；61年2月～同年4月底，副院長倪文亞代理院長）。

　　倪文亞（61年5月～77年12月，長達十六年又七個月；77年12月～78年2月，由副院長劉闊才代理院長）。

　　劉闊才（78年2月～79年1月；梁肅容副院長於79年1月～2月代理院長）。

　　梁肅容（79年2月～80年12月31日；80年12月31日～81年1月由劉松藩副院長代理院長）。

　　劉松藩（第二、三屆，81年1月～88年1月31日）。

　　王金平（第四～第八屆，88年2月1日～105年1月31日，長達整整十七年，為我國行憲史上，**擔任最長久時間的立法院長**）。

　　蘇嘉全（第九屆，105年2月1日～109年1月31日）。[10]

　　依據原本憲法及日後之增修條文、大法官釋憲與立法院職權行使法等，我國目前仍由人民選出立法委員計有113位，代表人民行使國家最高立法機關國會立法權之單一國會立法院及**立法委員之職權功能約有：**

（一）院會總質詢、委員會質詢：憲法第57條第1項：「立法院立法委員有向行政院院長及各部會首長質詢之權」；第67條：「立法院各種委員會得邀請政府人員及社會上有關係人員到會備詢」。

（二）議決法律案、預算案、條約案等：憲法第63條：

「立法院有議決法律案、預算案、戒嚴案、大赦案、宣戰案、媾和案、條約案及國家其他重要事項之權」。

（三）為選區人民服務：憲法第62條：「立法院由人民選舉之立法委員組織之，代表人民行使立法權」；增修條文第4條第1項規定各選區名額分配立委人數113位及任期4年。

（四）憲法修正案：依憲法第174條第2款程序及〈立法院職權行使法〉第14條規定。

（五）對總統、副總統之彈劾案及判決成立之解職：依增修條文第2條第9項與第4條第7項規定程序。

（六）總統發布緊急命令提交立法院追認權：依增修條文第2條第3項處理。

（七）總統、副總統之罷免案與副總統缺位時之補選：依增修條文第2條第8項之經立法委員提議，提出程序；與同條第7項由立法院補選之規定。

（八）覆議權：依增修條文第3條第2項第2款程序。

（九）對行政院長提出不信任案：依增修條文第3條第2項第3款及第2條第5項程序處理。

（十）領土變更案：依增修條文第4條第5項程序處理。

（十一）聽取總統國情報告：依憲法增修條文第4條第3項：「立法院於每年集會時，得聽取總統國情報告」。

（十二）行使人事同意任用權：依憲法第104條：「監察院設審計長，由總統提名，經立法院同意任命之」及

增修條文第5條（對司法院大法官）、第6條（對考試委員）、第7條（對監察委員）之同意任命權。

（十三）文件原本調閱權：依大法官釋字第325號、第585號解釋文及〈立法院職權行使法〉第八章「文件調閱之處理」。

（十四）舉辦公聽會：依憲法第67條第2項相關規定及〈立法院職權行使法〉第九章「委員會公聽會之舉行」辦理。

（十五）審查行政命令：依〈立法院職權行使法〉第十章「行政命令之審查」程序。

（十六）審查請願文書：依〈立法院職權行使法〉第十一章「請願文書之審查」規定辦理。

（十七）黨團協商：依〈立法院職權行使法〉第68與69條規定：「為協商議案或解決爭議事項，得由院長（院長因故不能主持時，由副院長主持）進行黨團協商。」

（十八）解決中央與地方權限爭議權：依憲法第111條規定處理。

註解

1. 林紀東，《中華民國憲法逐條釋義》，第一冊，頁385。
2. 立法院法制局增補，《司法院大法官解釋彙編》，頁29（釋字第76號解釋文）及頁279-281（釋字第325號解釋文）。

3. 王曾才，《加拿大通史》，頁113。

4. 詹子賢，《印度憲法與憲改》，收錄於鄭端耀主編，《印度》，頁23。

5. 高德源譯，Arend Lijphart著，Patterns of Democracy: Government Forms and Performance in Thirty-Six countries, p. 199。

6. 同註5，頁199-200。

7. 羅成典，《立法院風雲錄》，頁16。

8. 立法院編印，《第二屆立法委員名鑑》，頁163-169，附錄，表一（第一屆立法委員當選名單）。

9. 同註8所引書，立法院劉院長序文。

10. 同註8所引書，頁159-161，附錄，〈行憲後立法院歷任院長一覽表〉；黃秀端、陳中寧、許孝慈，《認識立法院》，頁13，〈歷屆立法院院長〉（1948-2016）。

中華民國憲法概論釋義

前言

　　中華民國國民大會受全體國民之付託，依據孫中山先生創立中華民國之遺教，爲鞏固國權，保障民權，奠定社會安寧，增進人民福利，制定本憲法，頒行全國，永矢咸遵。

　　按，各國憲法，多於其憲法條文之前，標明揭示〈前言〉以引導啓發並說明立國基本精神及制憲理想與功能目的。

　　cf.美國憲法（1789）〈前言〉（preamble）：合眾國爲樹立正義確定國內治安，籌設公共國防，增進全民福利，及謀今後人民永久樂享自由幸福，爰制定美利堅合眾國憲法。

　　德國威瑪憲法（1919）〈前言〉：德意志爲自由正義，鞏固國家，促進社會進步，爰制定此憲法。

　　日本國憲法（1947.5.3）〈前言〉：日本國政憲法乃受國民付託，權力行使來自國民，國民享受福利，國民希求和平，深信公平與正義，爲保持國家之安全與生存，確信國民免除恐怖及匱乏之求生存權利，日本誓期此理想及目的。

　　我國憲法〈前言〉66字，簡明粹鍊，分爲三段落：

　　一、制憲機關爲國民大會；權力根源於全體國民之付託，此與憲法第1條：「中華民國基於三民主義，爲民有民治民享之民主共和國」；及第2條：「中華民國之主權，屬於國民全體。」相關聯。亦即，〈前言〉與憲法條文前後互相聯屬呼應。

二、制定憲法之最高依據，乃創立中華民國之孫中山先生的遺教：五權憲法與三民主義。創立中華民國之孫先生制定〈建國大綱〉（1924.4.12）第1條即敘明：「國民政府本革命之三民主義、五權憲法，以建設中華民國」。第19條：「中央政府憲政設立五院，日行政、立法、司法、考試、監察院」。

三、制憲理想及功能目的在「鞏固國權〔民族〕，保障民權，奠定社會安寧，增進人民福利〔民生〕」。

又，「頒行全國，永矢咸遵」指憲法為國家根本大法，位階最高，且最優越效力，為法律及命令子法之母法，全國國民（包含總統）都要永遠誓言遵守奉行。

第一章

總　綱

　　憲法爲國家的根本大法，而國家的構成要素有四：（一）主權；（二）國民（人民）；（三）領土（疆域）；（四）統一的政府組織。本第一章的第二、三、四條條文，即闡明國家的主權、國民、領土（疆域）等要素；而政府組織，則於（原）憲法的第三到第十一章述及（國民大會、總統、行政、立法、司法、考試、監察、中央及地方之權限、地方制度等章）。

第一條：中華民國基於三民主義，爲民有民治民享之民主共和國。

　　本第1條簡潔敍明中華民國的國體（國家的體制型態，Form of State）爲共和國。國體指君王國與共和國之分（依照恩師謝瑞智教授，在2001年《世界憲法事典》的192國中，君主國有英、日，挪威、瑞典、西班牙、泰國、沙烏地阿拉伯等46個，共和國則有我國及美、法、義、德、土耳其、奧地利，阿根廷、巴西、巴拿馬、巴拉圭、烏拉圭、智利、秘魯，韓國、菲律賓、新加坡、印尼、印度，埃及、南非等146個）。按，國家元首（總統或主席）由選舉產生，且有一定任期，稱之共和國；如元首是由世襲而來，稱爲君主國。

　　cf. 1789年《美國憲法》第4條第4項：聯邦合衆國保證全國實行共和政體（Republican form of Government）。

1945年《土耳其憲法》第1條：土耳其爲民族、民權、國家社會的共和國家。

1948年《義大利憲法》：義大利爲民主共和國。

1949年《西德基本法》（憲法）第20條：德意志爲民主社會共和國。

1958年《法國第五共和（戴高樂）憲法》第2條：法國爲民主、社會的共和國；爲自由平等博愛，民有民治民享的政府。第89條：共和政體不得修改。

本條簡明「基於三民主義」（民族民有、民權民治、民生民享）之民主共和國，亦與〈前言〉之「依據孫中山先生創立中華民國之遺教，爲鞏固國權〔民族〕，保障民權，奠定社會安寧，增進人民福利〔民生〕」，前後聯屬相互輝映。

另者，《五五憲草》第1條「中華民國，爲三民主義共和國。」《中華民國憲法》第1條增添「民有民治民享」益與民族民權民生符合互映，亦顯現出制憲國代當時之容忍謙讓調和妥協精神。

按，我國元首總統由人民間接（國大代表）選舉或人民直選，一任任期由六年而四年，故爲共和國。

第二條：中華民國之主權，屬於國民全體。

憲法政治上主權之規範歸屬，在學理通說上，以昔日「君皇主權論」（如1889年的大日本帝國明治憲法）及「人民主權說」（1947年的中華民國憲法及日本國憲法）的論說區別，最爲鮮明。

cf. 1945年《土耳其憲法》：「主權屬於國民」。

1947年《日本國憲法》前言：「主權屬於國民」。

1948年《義大利憲法》第1條：「主權屬於人民」。

1949年《西德基本法》（憲法）：「國權來自國民」。

1958年《法國第五共和（戴高樂）憲法》第3條：「主權屬於人民」。

本條文意旨，亦與憲法〈前言〉第一段：「中華民國國民大會受全體國民之付託……保障民權」之規範，前後互相呼應。

至於全體國民行使主權的方式有：依憲法第17條：人民有選舉、罷免、創制、複決之權；第62條：立委由人民選舉，代表人民行使立法權；第130條：國民有選舉權與被選舉權，第18、85、86條：人民有應考試服公職之權，及公務人員之選拔、考銓任用；與增修條文第2條：人民直選總統、副總統，及第4條：立委對總統、副總統之彈劾程序。

第三條：具有中華民國國籍者為中華民國國民。

按，我國憲法第二章以「列舉」與「概括」式兼顧規定人民之權利；其中，涵括有「人」權（Human Rights），「國民」權（People's Rights）與「公民」權（Citzen Rights）。亦即，人民、國民、公民三者，以人民範圍最廣大，涵括國民與公民；公民的範圍涵義為最窄小。

各國關於國籍之規定標的，有屬人主義、屬地主義、或兩者兼採用的。

屬人主義探血統爲準則，屬地主義以出生地爲標準，如美國憲法所採用。

我國是以屬人主義爲原則，屬地主義爲例外補則；依此規範，華僑雖生長外國，如其父或母爲中華民國人民，仍具有中華民國國籍；而外國人（如神父修女牧師醫生等）雖生長於中華民國，唯必需我國內政部准許歸化程序，才取得中華民國國籍。

第四條：中華民國領土，依其固有之疆域，非經國民大會之決議，不得變更之。

請併閱參讀25年5月5日公布《五五憲草》第4條：中華民國領土爲江蘇、浙江、安徽、江西、湖北、湖南、四川、西康、河北、山東、山西、河南、陝西、甘肅、青海、福建、廣東、廣西、雲南、貴州、遼寧、吉林、黑龍江、熱河、察哈爾、綏遠、寧夏、新疆、蒙古、西藏等固有之疆域。

中華民國領土，非經國民大會議決不得變更。

按，今東三省（遼寧、吉林、黑龍江），在民國36年6月5日公布爲東九省（另加遼北、安東；松江、合江；嫩江、興安等六省）；再加上原屬〔廣東省〕的海南島，在1988年升格爲海南省，以及1997年、1999年「回歸」的香港、澳門兩個「特別行政區」；甚至台灣宜蘭縣頭城鎮所屬的「釣魚臺島嶼〔日人稱呼尖閣列島〕」等，不在《五五憲草》第4條所「列舉」的中華民國領土固有疆域內，因此，爲避免要屢屢修憲宣示變更國家領土範圍，乃在民國35年12月25日通過的《中華民國憲

法》以目前看到的第4條條文，依「概括式」文字宣告呈現。再者，民國94年（2005）6月7日，國民大會走入歷史；依現今《中華民國憲法增修條文》第1條：「中華民國……立法院提出憲法修正案、領土變更案……」及第12條：「憲法之修改，須經立法院立法委員……提出憲法修正案……」。

又，民國82年4月12日，立法委員陳婉眞等，聲請解釋憲法第4條中規定，中華民國領土範圍，是否含括中國大陸及外蒙古（1961年10月加入成爲聯合國會員國）。

82年11月26日，司法院大法官會議以「釋字第328號」解釋：中華民國領土，憲法第四條不採列舉方式，而爲「依其固有之疆域」之概括規定……〔此界定〕爲重大之政治統治行爲問題，依權力分立憲政原則，不應由行使司法權之釋憲機關予以解釋。

以上，第2條（主權）、第3條（國民、人民）、第4條（領陸領海領空及本國之船舶及駐外使館等領土疆域）等國家組成要素，專家學者認爲，以國家「主權」統治權力最爲至上重大，因「人民」如無主權做依靠後盾保護，就會像吉普賽（gipsy, gypsy）民族，到處流浪孤苦無依；而「領土」如遇國家主權分崩離析，外國勢力強占租界誘使割讓，就很可能被列強他國侵略誘離。（同理，國家另一構成要素「政府」，如無國家對外主權之自主性的強力認同及支持，就極難有效與國際社會（世界各國）之外交承認交往能力，難以加入聯合國或國際關係重要聯盟組織（如國際衛生組織），到處碰壁，而不被承認支持接納，成爲國際社會孤兒）。

第五條：中華民國各民族一律平等。

cf. 1947.5.3《日本國憲法》第14條：任何國民一律平等，不因種族、信仰、性別……設有差別。

1948年《義大利憲法》第6條：共和國保護少數語言民族。

法國（1946年第四共和）憲法前言：共和國各民族無種族之分別。

併參《五五憲草》第5條：中華民國各民族均為中華民族之構成份子，一律平等。

《中華民國憲法》第7條：中華民國人民，無分……種族……在法律上一律平等。

按，民國前一朝代滿清統治，刻意強調滿、漢之分，對漢人實行「文字獄」高壓迫害；對內破壞全民族之團結，對外則因種族分裂而招致（日、俄、英、法、德等）列強乘機強橫煽動，趁勢欺侮圖謀利益；孫中山先生有感於此，乃呼籲倡導聯合漢滿蒙回藏等「五族共和」，提出「民族主義」團結對外，大中華各民族一律平等。

第六條：中華民國國旗定為紅地，左上角青天白日。

cf. 1958年《法國第五共和（戴高樂）憲法》第2條：國家標誌〔國旗〕藍、白、紅、三色旗。

《菲律賓憲法》：國旗定為紅、白、藍，為國民所崇仰及尊敬。

另者，1945年創立聯合國的中、美、英〔及其發現而殖

民過的紐、澳〕、法、俄等五強常任理事國的國旗，皆為藍、白、紅三色旗。

國旗為國家之象徵代表及立國精神莊嚴之所在，國民本乎自然天性應予以尊重與崇敬。所以刑法第160條規定：意圖侮辱中華民國，公然損壞、除去或污辱國徽、國旗及創立中華民國之孫先生遺像者，處一年以下有期徒刑、拘役或三百元以下罰金。

中華民國青天白日滿地紅國旗，藍白紅三色，象徵藍天廣大自在，表示民族自由；白日象徵光明照耀，公平無分，表示民權平等；紅色象徵熱愛澎湃，表示民生博愛。代表三民主義之自由平等博愛及民有民治民享，亦與憲法第1條規定，前後吻合互相呼應。

而國旗上白日之十二光芒，代表一年12個月，一日12個時辰，象徵山川壯麗中華民國，日日月月年年，永遠貫徹始終，自強不息，光明照耀於世界上。

第二章

人民之權利義務

　　創立中華民國之孫中山先生言：「憲法者，人民權利之保障書也」。

　　縱觀英國1215年〈大憲章〉、1628年〈權利請願書〉及1689年〈權利法案〉；美國1787～1789年《美國憲法》及1791年增補之第1至第10條的自由權利；法國1789年的〈人權宣言〉，1948年的〈世界人權宣言〉等，皆爲著名之人民自由權利規範。

第七條：中華民國人民，無分男女、宗教、種族、階級、黨派，在法律上一律平等。

　　本條爲憲法上極重大主要條文，具最高階優越而有原則規範之性質，很多法律和行政命令，都因違反這條憲法規定，而被司法院大法官會議解釋爲「違憲」，比如：原民法1089條「父母對未成年子女權利之行使意思不一致時，由父行使」（釋字第365號），即因爲違反本第7條男女平等權及增修條文現第10條「性別歧視」而失效；又，原民法1002條「妻以夫之住所爲住所」，也因「違憲」本第7條「無分男女」之男女平等權與憲法第10條「人民有居住及遷徙之自由」而失效（釋字第452號）等。

　　cf. 1776.7.4美國〈獨立宣言〉（前言）：人人生而平等，上帝造物者賦予生命、自由和追求幸福的權利。

　　1789年法國〈人權宣言〉第1條：人生而自由，權利平等。

　　1919年德國《威瑪憲法》：德意志人民，在法律前，一律平等。

　　《美國憲法》：1870年批准第15條增補條文，不因黑人種族膚色（race, color）而否定剝奪其參政投票權。

　　1920年批准第19條增修條文，不因性別（sex）而否定剝奪婦女公民投票權。

　　1945.6.26《聯合國憲章》第1條（宗旨）：不分種族、性別、語言或宗教，尊重全體人類之人權及基本自由平等。

　　1947.5.3《日本國憲法》第14條：國民一律平等，不因人種、宗教信仰、性別、身分門第〔階級〕、政治關係〔黨派〕，設有差別。

　　1948年《義大利憲法》第3條：人民不分性別、種族、語言、宗教、政見，一律平等。

　　1948.12.10〈世界人權宣言〉第2條：人人享有權利及自由，不分種族、膚色、性別、語言、宗教、政治見解〔黨派〕、出生身分〔階級〕的區別。

　　《德國憲法》第3條：任何人不得因性別、門閥出身、種族、宗教信仰或政治觀而受歧視或享特權。

　　1950年11月訂於羅馬的《歐洲人權公約》第14條：人人的權利及自由，不因性別、少數種族、膚色、語文、宗教、政治見解〔黨派〕、出生出身〔階級〕而有所歧視。

　　1958年《法國憲法》第77條：公民不分人種、種族、宗

教、法律上一律平等。

1969.11《美洲人權公約》第1條：每一個人的權利和自由，不因種族、膚色、性別、語言、宗教、政治見解〔黨派〕、出生出身地位〔階級〕而受歧視；第24條：法律之前，人人平等。

1976年生效之《聯合國公民權利和政治權利國際公約》第2條：一切個人享有權利，不分種族、膚色、性別、語言、宗教、政治見解、出生身分等，而有區別。

1981年非洲統一組織（OAU，2001年更名非洲聯盟（AU））《非洲人權和民族憲章》第2條：人人享有的權利和自由，不因種族、族群、膚色、性別、語言、宗教、政見〔黨派〕、出生身分〔階級〕而受歧視。

1982年《加拿大憲法》第15條：人人不分種族、膚色、宗教、性別等在法律之前，一律平等。

2000年《歐盟基本權利憲章》第21條：禁止任何因性別、種族、膚色、出生、血源或社會背景〔階級〕、宗教、政治信念意見〔黨派〕等之歧視。

又依大法官釋字第340號：〈公職人員選罷法〉原第三十八條第二項規定：「政黨推薦之區域、山胞候選人，其保證金減半繳納」，無異使無政黨推薦之候選人，須繳納較高之保證金，係對人民參政權所為不必要之限制，形成不合理之差別待遇，與憲法第7條〔無分黨派一律平等〕之意旨不符，應不再適用。

另者，依憲法第134條與增修條文第4條之保障婦女當選名

額；第153條與第156條之保護勞工、農民、婦女兒童；第155條之扶助救濟老弱殘廢；第165條之保障教育、科學、藝術工作者之生活；及增修條文第10條之保障維護婦女、身心障礙者、軍人等；乃是憲法「對弱勢地位者之良性特別保護」，才不囿於齊頭式的平等假象。[1]

第八條：人民身體之自由應予保障。除現行犯之逮捕由法律另定外，非經司法或警察機關依法定程序，不得逮捕拘禁。非由法院依法定程序，不得審問處罰。非依法定程序之逮捕、拘禁、審問、處罰，得拒絕之。

人民因犯罪嫌疑被逮捕拘禁時，其逮捕拘禁機關應將逮捕拘禁原因，以書面告知本人及其本人指定之親友，並至遲於二十四小時內移送該管法院審問。本人或他人亦得聲請該管法院，於二十四小時內向逮捕之機關提審。法院對於前項聲請，不得拒絕，並不得先令逮捕拘禁之機關查覆。逮捕拘禁之機關，對於法院之提審，不得拒絕或遲延。

人民遭受任何機關非法逮捕拘禁時，其本人或他人得向法院聲請追究，法院不得拒絕，並應於二十四小時內向逮捕拘禁之機關追究，依法處理。

cf. 英國1215年〈大憲章〉及1628年〈權利請願書〉：自由民，非依法不得逮捕拘禁。

1789年法國〈人權宣言〉第7條：除依法律規定程序，任何人不受逮捕及拘留。

1791年《美國憲法》增補第4條：人民有保護身體權利，不得非法受拘捕、搜索、扣押侵犯。

1919年德國《威瑪憲法》第114條：人身自由不得侵犯。

1947.5.3《日本國憲法》第31、33、34條：除現行犯，任何人之生命或自由，不受剝奪、刑罰。

1948年元旦《義大利憲法》第13條：人身自由不得侵犯……如依法定程序限制，警察機關應於48小時內通知並移送司法機關，否則，撤銷失效。

1948.12.10〈世界人權宣言〉第9條：人人不受任意逮捕、拘禁或放逐。

1949.5.23《西德基本法》（憲法）第2、104條：任何人之身體自由及生命，不得限制侵犯。

按，本條文所謂「現行犯」，指犯罪事實現正在實施中或實施後即時發現者，通常指犯罪者正被追呼或身上持有凶器、贓物，或顯露有犯罪痕跡而明顯可疑為犯罪人者。（刑事訴訟法第88條）

再者，依司法院大法官釋字第130號：24小時，不包括因交通障礙，或其他〔天災〕不可抗力事由之遲滯，及在途解送等時間在內。又依釋字第166號：〈違警罰法〉（民國32年公布，80年廢止）關於由警察官署裁決之拘留、罰役以及釋字第251號：〈違警罰法〉第28條規定由警察官署逕為裁決「送交相當處所，施以矯正或令其學習生活技能」之處分，同屬限制人民之身體自由，不符憲法第8條第1項之保障本旨。

又，憲法本第8條意旨及刑法第1條：行為之處罰，以行為

時之法律有明文規定者爲限；即所謂之「罪行法定主義」。

第九條：人民除現役軍人外，不受軍事審判。

cf. 英國〈權利請願〔國王〕書〉：任何軍法機關，不得對人民科處死刑。

1917.2.5《墨西哥憲法》：軍事法庭不得管轄軍隊以外之人民。

《土耳其憲法》第145條：除了戰爭期間，非軍事人員不受軍事法庭審判。

1947.5.3《日本國憲法》第32條：任何人在普通裁判所受裁判之權利，不得剝奪。

1948年元旦《義大利憲法》：在平時，軍事法庭僅得管轄軍人之犯罪。

1949.5.3《西德基本法》（憲法）：不得剝奪任何人受法定法官裁判之權利，但戰時之軍法審判，不在此限。

按，早期現役軍人與國家統治權有特別權力（限制）關係法理，故舊昔〈軍事審判法〉第1條：非現役軍人，不受軍事審判；但戒嚴法（特別法）有特別規定者，從其規定。

第十條：人民有居住及遷徙之自由。

請併參《五五憲草》第11、12條：人民有居住之自由，其居住處所，非依法律不得侵入搜索或封錮；人民有遷徙之自由，非依法律不得限制之；及刑法第306條：無故侵入他人住宅、建築物或附連圍繞之土地的「妨害自由罪」。

cf. 1791年《美國憲法》增補第3、4條：不得在平時駐紮

軍隊於民房；人民之住所不受非法搜索、扣押。

　　《土耳其憲法》第70、71、76條：人民之住所，不得侵犯；人民有遷徙之自由權利。

　　1947年《日本國憲法》第22、35條：人民享有居住遷徙自由。

　　1948年元旦《義大利憲法》第14、16條：保障人民之居住及遷徙自由，包含國內及入出境國外，非依法律，亦不得因政治理由限制。

　　1948.12.10〈世界人權宣言〉第13條：人人有居住遷徙自由權利。

　　1949.5.23《西德基本法》第11、13條：德國人民在聯邦內有遷徙居住自由。

　　1969年《美洲人權公約》第22條：人人有居住遷徙的自由權利。

　　1982年《加拿大憲法》第6條：公民有居住遷徙自由。

　　要之，本第10條意旨，乃人民得於國、內外有旅行逗留，出入境之居住遷徙自由。

　　又依大法官86.12.26**釋字第443號解釋：行政院委由內政部訂定〈役男出境處理辦法〉第8條限制役男出境之規定，已構成對人民自由權利之重大限制，有違憲法本第10條規定及第23條所定之「比例原則」與「必要」程度；故，失其效力。**

第十一條：人民有言論、講學、著作及出版之自由。

　　本條所規定之自由，又通稱為思想表現傳達意見之自由。

cf. 1789年法國〈人權宣言〉第11條：人民有言論、著作、出版之思想表現傳達意見的自由。

1791年《美國憲法》增補第1條：不得剝奪人民言論、出版之自由。

《墨西哥憲法》：不得侵害著作及出版之思想表現意見自由，除敗壞道德、侵害第三人權利、煽動犯罪或擾亂公共秩序者外。

1889年《巴西憲法》：人民有出版表達思想自由，但鼓吹戰爭或種族及階級偏見者應予禁止。

1923年《土耳其憲法》：良心、思想、言論及出版自由，爲人民之自由權利。

1941年的美國羅斯福總統著名演說，吾人期待未來世界建立四大自由：言論表達、宗教信仰、免於匱乏與恐懼的自由。（後來在1948.12.10的〈世界人權宣言〉序言第二段採用。）

1947年《日本國憲法》第19、21、23條：保障人民言論、出版之學問思想及良心的自由。

1948年元旦《義大利憲法》第21條：任何人均有言論、著作、出版之意見發表的自由權利；但違反善良風俗出版物，應禁止之。

1948.12.10〈世界人權宣言〉第19條：人人有思想理念主張和發表意見的自由權利。

1949《德國基本法》第5條：人民有言論、出版之意見發表自由權利。

1950《歐洲人權公約》第9、10條：人人有言論、思想主

張、良心表達的自由權利。

1969年《美洲人權公約》第13條：人人都有思想及發表意見之自由權利。

1975《瑞典憲法》第10條：出版自由不適用於青春期發育或未滿18歲的少年兒童色情圖片。

本條值得再敘述細說者有：

（一）言論自由不得煽惑他人犯罪（刑法第153條）；不得毀損他人名譽之誹謗罪（刑法第310條），**但以善意發表言論：1.自衛、自辯或保護合法利益；2.公務員因職務報告；3.可受公評之適當評論；4.對中央及地方會議或法院之記事的適當載述者，不罰。（刑法第311條）**

（二）講學自由含括「大學自治教授治校」之教學、研究自由。是故，大法官在87.3.27釋字第450號解釋：〈大學法〉第11條及〈大學法施行細則〉第9條明定大學應設置軍訓室並配置人員，負責軍訓及護理課程之強制性規定，有違憲法第11條講學自由大學自治之保障意旨；所以，上述強制性之規定，失其效力。

（三）著作自由包括防範侵害著作權，即保障維護著作財產權。依我國〈著作權法〉第30條：著作財產權，存續於著作人之生存期間及其死亡後五十年。

（四）言論、出版自由通常會**限制或處罰其「明白而立即之危險」**（**clear and present danger**）**與其惡劣傾向案例**（**bad tendency test**）。

第十二條：人民有秘密通訊之自由。

cf.《瑞士憲法》：保障書信及電報之秘密，不得侵犯。

《日本國憲法》第21條：通訊秘密，不得侵犯，不得施行檢查制度。

《義大利憲法》第15條：秘密通訊自由不受侵犯。

《西德基本法》第10條：**書信、郵件、電信、電話之秘密，不得侵犯。**

依我國刑法第133條：在郵政或電報機關執行職務之公務員，開拆或隱匿投寄之郵件或電報者，處三年以下有期徒刑拘役或五百元以下罰金；第315條：無故開拆或隱匿他人之封緘信函、文書者，處拘役或三千元以下罰金。

又，舊昔〈戒嚴法〉第11條第4項：戒嚴地域內最高司令官，得拆閱郵信電報，必要時並得扣留或沒收之。此係合於憲法第23條「避免緊急危難」之必要者，特作敘明。

又，為保存人民秘密通訊及隱私權自由不受非法侵害，我國在88.7.14公布〈通訊保障及監察法〉並歷有修正；從而，於維持社會秩序，增進國家安全外，更加保障人民自由不受侵犯。

第十三條：人民有信仰宗教之自由。

cf. 1789年法國〈人權宣言〉第10條：任何人不應其宗教觀點而遭受干涉。

1791年《美國憲法》增補第1條：國會不得制定確立宗教或禁止信教自由之法律。

《荷蘭憲法》第174、175條：人人有信教自由，國內所有宗教團體，予以平等保護。

1919年德國《威瑪憲法》：人民有信教自由，人人不負告明其宗教信仰之義務。

1947年《日本國憲法》第20條：保障人民信教自由，不得強制任何人參加宗教慶典儀式。

1948.12.10〈世界人權宣言〉第18條：人人有思想良心及宗教的自由權利。

1969年《美洲人權公約》第12條：人人有宗教信仰的自由。

《馬來西亞憲法》：人人有信教自由權利，但不許可違反公共秩序或善良風俗行為。

《德國基本法》第4條：人民的宗教信仰自由，不得侵犯。

再者，因有信教與不信教之自由，所以即使在宗教學校，不得在教育行政上，有差別之待遇；另者，亦不得因信仰宗教，以可能會上前線戰場持武器殺人理由，而藉口不服兵役法，因此乃「違」反我國「憲」法第20條「人民有依法律服兵役之義務。」

唯此種以良心理由排拒服兵役義務者，在我國已於89.2.2制定公布〈替代役實施條例〉，**讓宗教良心役男可改服「替代役」來解決。**

又依大法官釋字第490號，憲法第20條服兵役之義務，為保護人民，防衛國家之安全所必需，與憲法第13條宗教信仰自

由之保障，並無牴觸。

第十四條：人民有集會及結社之自由。

cf. 1791年《美國憲法》增補第1條：國會不得制定剝奪人民和平集會及請願救濟權利。

《墨西哥憲法》：合法之和平集會或結社，不得限制；但對有關當局侮辱、暴力脅迫者，限制之。

1919年德國《威瑪憲法》第123條：人民有**和平不帶武器集會之權利**，對於屋外〔露天〕集會危害公共安寧者，禁止之。第124條：人民有組織團體及法人之權利。

《日本國憲法》第21條：保障集會、結社自由。

《義大利憲法》第17、18條：人民有**不帶武器、和平集會和結社的自由權利**。

1948年〈世界人權宣言〉第20條：人人有和平集會結社的自由權利。

1949年《德國基本法》第8條：人民有**和平不帶武器集會之權利**，屋外集會，得依法律限制。第9條：人民有結社之權利。

1950年《歐洲人權公約》第11條：人人有和平集會及結社的自由權利。

1969年《美洲人權公約》第15條：**人人有不帶武器之和平集會的權利**；第16條：人人有自由結社的權利。

按，我國現行〈刑法〉第149條：公然聚眾，意圖強暴脅迫，已命令三次以上而不解散者，首謀……第150條：在場助

勢之人⋯⋯第152條：以強暴脅迫阻擾之集會者⋯⋯第154條：
參與以犯罪宗旨之結社者⋯⋯，處刑、拘役或罰金。

　　以上規定，「合」於「憲」法第23條：為防止妨礙他人自
由，避免緊急危難，維持社會秩序，或增進公共利益之必要，
而得以法律限制之。

　　另者，依〈傳染病防治條例〉規定，衛生主管機關得依法
在防疫地區，禁止或限制集會。

　　再者，集會與社結之主要區別為：集會常是暫時性的，結
社則較永久性；而且結社通常有固定的組織、章程、會址、年
度會費等。

第十五條：人民之生存權、工作權及財產權，應予保障。

　　請併閱參讀憲法第8條（人身自由）、第152條：人民具
有工作能力者，國家應予以適當之工作機會、第143條：人民
之土地所有〔財產〕權，應受保障、第165條：國家應保障教
育、科學、藝術工作者之生活，並提高其待遇、及增修條文第
10條：國家應予保障身心障礙者之生活。

　　**按，本條之「生存權」，通說指保障人民維持最低度之尊
嚴「生活權」及非依法不得任意剝奪人民之「生命權」。**

　　cf. 1789年法國〈人權宣言〉第2、17條：人民有自由安全
及財產權之不可侵犯剝奪的權利。

　　1791年《美國憲法》第5增補條款：非依正當法律程序
（**Due process of Law**）不得剝奪人之生命、自由或財產；非
有公平補償，不得將私人財產徵為公用。

　　1919年德國《威瑪憲法》第151、153條：保障人民生存之經濟生活及所有權。

　　《土耳其憲法》第70、71條：生命、工作、財產權，不得侵犯。

　　1941年美國羅斯福總統提出：（言論表達、宗教信仰）及免於匱乏、免於恐懼的自由。

　　1947.5.3《日本國憲法》〈前言〉：確信國民免除恐怖及匱乏之求生存權利；第31、22、27、29條：國民享有生命、職業工作勞動、財產之自由權利；及第25條：國民享有最低限度生活之權利。

　　1948.8.15《韓國憲法》第30、15、32條：人民有生存生命、選擇職業就業工作、工資財產權之自由保障。

　　1948.12.10《世界人權宣言》第3、23、17條：人人享有人身生命、職業工作、財產權之保障。

　　《德國基本法》第12與14條：人民自由選擇工作職業及財產所有權應予保障。

　　《德國基本法》第102條：死刑應予廢止。

　　《瑞士憲法》第10條：每個人均享有生命權，禁止適用死刑。

　　《瑞典憲法》第二章（基本權利與自由）第4條：瑞典不得實施死刑。

　　《芬蘭憲法》第7條：人人享有生命權，不得被處死刑。

　　1953年《美洲人權公約》第2條：任何人之生存權應受到法律保護，不可隨意剝奪任何人的生命。

1969年《美洲人權公約》第4條：不得任意剝奪任何人生命；已廢除死刑國家，不得恢復；**18歲以下或超過70歲及孕婦，不得處以死刑**；第21條：不得剝奪任何人財產，除因公益而付賠償者外。

2000年之《**歐盟基本權利憲章**》第2條：**人人享有生命權，均不受死刑判決或執行**。第15、17條：人人享有選擇職業工作權，享有財產權，智慧財產權應受到保護。

再者，本條之「生存權」，依時代潮流人民思緒發展演進，已衍生出：死刑的廢止（即廢除死刑之自由權利），安樂死的合法許可與否，及墮胎、流產的合法化認同等難以決擇之正、反兩面爭議不休的困境難題；此即當初制憲者在第7至18條與第21條之「列舉」自由、權利外，又於第22條「概括」了人民之「其他自由及權利」。

第十六條：人民有請願、訴願及訴訟之權。

請併閱參讀憲法第77條（掌理行政訴訟）、第132條（法院審判選舉訴訟）。

cf. 1689年《英國權利法典》（Bills of rights）：人民有向國王請願之權利。

《美國憲法》1791年之〈增補條款〉第1條第3項：「國會不得制定剝奪人民陳述救濟之請願權利」。

《日本國憲法》第16條：人民有和平請願救濟之權利。

1948年《義大利憲法》第24條：保障人民訴訟權利。

1948《德國基本法》第17條：人民有請願、訴願之權利。

又依84.6.23大法官釋字第382號與100.1.17大法官釋字第684號：大學生〔也是人民〕依憲法第16、23條規定，有提起行政訴願及爭訟（訴訟）之救濟權利。

第十七條：人民有選舉、罷免、創制及複決之權。

請併閱參讀憲法第十二章〈選舉罷免創制複決〉、第129條（普通、平等、直接及無記名選舉方法）、第130條（除本憲法及法律別有規定者外，國民滿20歲有選舉權，滿23歲有被選舉權）、第132條（選舉訴訟由法院審判）、第133條（罷免）、第134條（婦女當選名額規定）、第136條（創制複決權）。

cf.《瑞士憲法》第74、75條：人民有選舉投票，公民有被選舉之權利。

《奧地利憲法》第41、44、45、46條：國民之創制、複決權。

《日本國憲法》第15條：選舉及罷免為國民權利。

《法國憲法》第3條（公民選舉投票）、第110條（公民投票複決）。

再者，選舉參政權之相關學理可研討之題目還有：1.採行直接或間接選舉？2.採行大、中、小選區制？3.採行區域代表、職業代表、原住民代表、全國不分區及僑民代表之政黨比例代表制？4.保障婦女當選名額5.採行相對多數或絕對多數當選制等。

另者，依92.12.31制定公布的〈公民投票法〉，我國在93

年（2004）3月20日的總統大選日、97年（2008）1月的立委選舉日及同年3月的總統選舉日，曾舉行過公投案，唯投票率均未達可投票人數的二分之一，故皆未通過。

第十八條：人民有應考試服公職之權。

　　請併參憲法第85條（及增修條文第6條）：公務人員之選拔，應實行公開競爭之考試制度，非經考試及格者，不得任用。第86條：公務人員任用資格，專門職業及技術人員執業資格，應經考試院依法考選銓定之。

　　又，司法院大法官釋字第42號：憲法第十八條所稱公職，凡各級民意代表、中央及地方機關公務員及依法令從事於公務者皆屬之。

　　cf.《印度憲法》：公民就任國家官職，不得因宗教、人種、姓階、性別、家系〔身分〕、出生等予以差別待遇。

　　《德國基本法》：所有德國人，依其適性、能力及專門技能，均有就任公職之權利。

第十九條：人民有依法律納稅之義務。

　　請併參憲法第63條：立法院有議決法律案之權；第107條：由中央立法並執行國稅及省稅、縣稅之劃分；第143條：土地（增值）稅等。

　　cf. 1215年《英國大憲章》：非經人民同意，不得徵收免役稅及貢稅國王津貼。

　　英國1689年〈權利請願書〉：非依國會法律，不得強迫人民向國王繳納租稅、貢稅、捐獻等。

　　1789年法國〈人權宣言〉第13條：爲了國家統治權維持公共武力及行政費用，依法賦稅。

　　1831年《比利時憲法》：國稅依法律定之，省、邑稅，非經省、邑議會同意，不得徵收。

　　《日本國憲法》第30條：國民有依法律負納稅之義務。

第二十條：人民有依法律服兵役之義務。

　　併參憲法第107條：中央立法執行國防軍事〔兵役〕。

　　cf.《巴西憲法》：國民有依法服兵役之義務，婦女免除兵役。

　　《義大利憲法》第52條：防衛祖國爲神聖義務，人民有服兵役義務；兵役服務，不得侵害人民行使政治權利。

　　《德國基本法》1951年增修的第12條之1：年滿18歲男人，要服兵役；**基於良心理由拒絕使用武器者，得要求服替代兵役。**

　　另者，以色列〈兵役法（律）〉規定，年滿18歲必須服義務兵役，男性服役3年，女性2年。

　　我國〈兵役法〉第1條：中華民國男子依法皆有服兵役之義務。而依88.10.1的大法官釋字第490號：立法者鑒於男女生理上之差異及因此種差異所生之社會生活功能角色之不同，復且，男子服兵役，更爲保護人民，防衛國家安全之所必需；〔兵役法未規定女子服役義務〕，與憲法第7條平等原則，並無牴觸。

　　按我國於29.6.29公布〈妨害兵役治罪條例〉，歷年來也多

所修正；又於89.2.2公布施行〈替代役實施條例〉。

第二十一條：人民有受國民教育之權利與義務。

請參閱憲法第159條：國民受教育之機會，一律平等。第160條：六歲至十二歲之學齡兒童，一律受基本教育。

另，自民國57學年度起，已延長實施爲九年國民教育。103年起，又延長至十二年，唯後三年不採強迫性入學。

cf.《日本國憲法》第26條：國民依法，有按其能力受教育之權利；國民依法，保護子女接受普通教育之義務。

《義大利憲法》第34條：人民有至少八年免費之初級基本義務教育。

《法國第四共和憲法》：國家保障幼年享受教育之機會。

第二十二條：凡人民之其他自由及權利，不妨害社會秩序公共利益者，均受憲法之保障。

按，我國憲法第7條至第18條，及第21條，「列舉」出人民之自由及權利；唯時代潮流與人民思緒一直在變，當初制憲國民大會代表，不可能鉅細靡遺，全部一一加以列舉，乃又有本第22條的「概括」保留規定，以策將來人民呼籲需求；亦即，人民所想要的自由及權利，不能因未有「列舉」明文規定而給予忽視否定。

cf. 1791年《美國憲法》增補第9條：不得因本憲法列舉某些確定權利（certain rights），而否定或輕忽人民之其他所保留的權利（Retained rights）。

《阿根廷憲法》：本憲法所保障之列舉權利，不得視爲得

否認其他未列舉之權利。

《巴西憲法》：本憲法所列舉之權利保障，並不排除其他之權利保障。

《日本國憲法》第11、97條：本憲法所保障之人民基本權利，過去曾歷經試煉，茲亦賦予保障現在及永久將來之人民。

《加拿大憲法》第26條：本憲法已（列舉）確定的自由及權利保障，不得解釋爲否定其他自由及權利。

1986《紐西蘭憲法》第三章第28條：其他未包含在現有所（列舉）之自由權利，不應被取消或限制。

《南非憲法》第32條：人人皆有獲知國家持有資訊的權利。（知的權利）

《芬蘭憲法》第12條：人人有權接收獲取公共資訊。

2000年12月7日《歐盟基本權利憲章》第38條：保障高標準之消費者權利保護。

依我國憲法「列舉」人民之自由權利有：（一）平等權：憲法第7條（無分男女、宗教、種族、階級、黨派之平等），第159條（教育機會），增修第10條（保障婦女，促進兩性平等）。（二）自由權：憲法第8至15條的自由權利。（三）受益權：第16條（請願、訴願、訴訟權），第21條（受國民教育權），第24條（國賠請求權），第152條（國家應予人民適當之工作機會），第165條（國家應保障教育、科學、藝術工作者之生活，提高其待遇）。（四）參政權：第17條（選舉、罷免、創制、複決權）；第18條（應考試服公職權）、第130條（選舉及被選舉權）。

　　至於屬**本憲法第22條「概括」之「人民其他自由及權利」**
約有：

1. **私生活隱私權**（世界人權宣言第12條、《美洲人權公約》
   第11條，我國大法官釋字第603號），以及儘量克制濫設監
   視器與濫權操控手機，汽車定位而侵犯人民居住遷徙（**憲
   10**）、集會結社（**憲14**）之自由權利等。

2. 結婚權（《日本國憲法》第24條，〈世界人權宣言〉第16
   條，《歐洲人權公約》第12條，《美洲人權公約》第17
   條；以及我國大法官釋字第242號與第362號，特別保障
   「後婚姻關係當事人」的屬於憲法第22條保障人民之其他
   自由及權利）。

3. 名譽權（大法官釋字第656號及刑法第310條之毀損他人名
   譽毀謗罪）。

4. 病歷資料隱私權：1973年美國醫學協會「病人權利法案」
   及1981年世界醫療聯盟在「里斯本宣言」都指明：病人病
   歷資料的機密隱私權利，都應予尊嚴保守。

5. **肖像權**（保障人之身體面貌風姿的自由、隱私等人格權
   益），非經允諾同意，不得任意照像。

6. 消費者權利（歐盟基本權利憲章第38條）。

7. 「知」曉國家持有資訊「的權利」。（南非憲法第32條、
   芬蘭憲法第12條）。

8. **人身不受科學基因改造進行醫療試驗行為**，（《歐盟基本
   權利憲章》第3條、《紐西蘭憲法》第二章第10條、《土耳

其憲法》第17條）。

9. 更改姓名保障人格權（85.3.22釋字399號及民法第18條、19條）。

10. 環境生態保護權、保障身心障礙者、軍人、原住民、澎湖金馬外島人民之權益（增修第10條）。

11. 同性戀婚（106.5.24大法官釋字第748號，108.5.17立法）。

12. 合意性交自主權之自由權利（依據109.5.29大法官釋字第791號「通姦」除罪，110年6月1日三讀通過）。

13. 週休二日及定期給薪休假休閒權（符合〈世界人權宣言〉第24條）。

14. 合法人工流產（尤指〈優生保健法〉第9條第1項第6款：因懷孕或生產，將影響其心理健康或家庭生活者）。

15. 明眼人可從事按摩工作（97.10.31釋字649號）。

16. 〈〔重症〕病人自主權利法〉（104.12.18三讀通過，漸接近「安樂死」）。

　　難度較高或極高的有：「廢死聯盟」提議的廢除死刑之自由權利；維持治安之武裝民團有備帶武器之權利（美國憲法在1791年12月15日國會批准之第2條增補條款）。

第二十三條：以上各條列舉之自由權利，除爲防止妨礙他人自由、避免緊急危難、維持社會秩序，或增進公共利益所必要者外，不得以法律限制之。

　　請併參我國憲法〈增修條文〉第5條：危害中華民國之存

在或自由民主之憲政秩序者為違憲。

民法第17條：自由的限制，以不背於公共秩序或善良風俗者為限。民法第148條：權利之行使，不得違反公共利益，或以損害他人為主要目的。

cf.《德國基本法》：凡攻擊自由民主之基本秩序為目的，而濫用自由權利者，可剝奪之；任何人之自由權利，以不侵害他人自由權利，及不違反憲政秩序為限。

《日本國憲法》第12條：國民之自由權利，為負公共福利責任，不得濫用。

《韓國憲法》：國民之自由及權利，僅為維持社會秩序、增進公共利益之必要者，始得以法律限制。

〈世界人權宣言〉第29條：人人之自由與權利，僅在為謀求社會公共秩序及福利所必要者，始得受法律限制。

《巴拿馬憲法》：因國內動亂或對外戰患〔緊急危難〕而危及公共安寧或秩序時，得宣布全國或一部領域戒嚴，並暫停憲法所規範自由及權利之一部或全部效力。

茲又舉例述明：

（一）防止妨礙他人自由之必要：制定（社會安寧秩序法），限禁深夜噪音喧嘩，妨害他人睡眠休息安寧；及刑法第26章：質押人口，略誘婦女，私刑拘禁剝奪他人行動自由，以加害生命、身體、自由之恐嚇他人，無故侵入他人住宅、建築物土地，不依法令搜索他人身體、住宅、建築物等之「妨害自由罪」。

（二）避免緊急危難之必要：如過去頒布〈戒嚴法〉、

〈動員戡亂臨時條款〉。

（三）維持社會秩序之必要：如制定〈槍炮彈藥管理條例〉、〈毒品危害防制條例〉；限禁違反善良風俗，或鼓吹戰爭及種族偏見之出版自由；限制不帶武器屋外露天集會或以軍事性質及黑道犯罪組織之結社的自由權利等。

（四）增進公共利益之必要：如為建造高鐵速利交通之公共福利，而制定修正〈土地徵收法〉。

再者，本條特以法律來限制人民之自由權利，其採取手段措施及達到目的，必須注意而顧及：（一）合乎「適當性比例原則」；（二）考量採用對人民侵害損失最少之「必要性」辦法措施；（三）儘可能減低「過度而不成比例」之限制。[2]

第二十四條：凡公務員違法侵害人民之自由或權利者，除依法律受懲戒外，應負刑事及民事責任。被害人民就其所受損害，並得依法律向國家請求賠償。

按，公務員乃人民之公僕，應對人民之自由及權利給予尊重維護，如有違法侵害，人民得依法請求國賠，尋求救濟保障（事後保障）。

cf.《義大利憲法》：公務員違法侵權，應負責任，此責任及於國家。

《韓國憲法》：公務員因舞弊損害人民自由權利，依法負責，人民依法向國家請求賠償。

《德國憲法》：官吏行使公權力而違法侵權，由聯邦負賠

償責任，但不妨礙對該官吏之求償權。

　　《日本國憲法》第17、40條：人民因公務員之不法行為而受損害，依法向國家或公共團體請求賠償。

　　《土耳其憲法》第40條：公務人員違法行為而損及人民權利和自由，國家予以賠償。國家保留對責任官員之追索權。

　　依本憲法第24條規定，民國69年7月2日總統公布，自70年7月1日起，施行〈國家賠償法〉及依本法第16條，由行政院訂定之〈國家賠償法施行細則〉。

　　又依87.11.20大法官釋字第469號解釋，更加保障維護本24條之人民自由或權利的救濟。

第三章

國民大會

　　按，民國94年（2005）6月7日，任務型國民大會代表複決通過第七次憲法修正案，從此，國民大會走入歷史。

　　增修條文第1條：「憲法〔有關國民大會〕第二十五條至三十四條及第一百三十五條之規定，停止適用」。

第四章

總　統

　　世界各國中央政府體制類型，按專家學者研究歸納約有：總統制、議會內閣制、雙首長制（又稱半總統制或稱混合制）、委員制。

　　依專精我國憲法學者謝瑞智教授的研析統計，在2001年，當時全世界192國之中，歸屬總統制國家有82國（美國、阿根廷、巴西、智利、祕魯、玻利維亞、墨西哥、巴拿馬、哥斯大黎加；韓國、菲律賓、印尼、伊拉克；埃及、南非、賴比瑞亞等）。歸類議會內閣制者，有61國（英國、日本、加拿大、義大利、新加坡、馬來西亞、以色列、紐西蘭、澳大利亞等）。類屬雙首長制國家有法國第五共和及我國等。而委員制國家則以瑞士最為有名。

第三十五條：總統為國家元首，對外代表中華民國。

　　cf.《奧地利憲法》：總統對外代表國家，派遣外交使節、駐外領事，及締結條約。

　　《韓國憲法》：大統領（總統）為國家元首，對外代表國家。

　　《德國基本法》第59條：總統在國際法上代表聯邦，與外國締結條約，派遣及接受使節。

　　《義大利憲法》第87條：總統為國家元首，代表國家統一；派遣及接受外交使節。

要之，總統爲國家元首，對內代表國家統帥陸海空軍保衛國家安全及任免文武百官，依法授與榮典；對外代表中華民國，派遣使節駐外代表，平等互惠敦睦邦交，保護僑民權益；並與外國締結條約，促進國際合作，維護世界正義和平。

第三十六條：總統統率全國陸海空軍。

cf.《美國憲法》第2條第2項第1款：總統爲海陸軍統帥。

《墨西哥憲法》：總統指揮陸海空軍，以維國內治安並防衛外患。

《菲律賓憲法》：總統爲軍隊統帥，必要時，得命令防止或戡平暴動、侵略、內亂或叛亂。

《義大利憲法》第87條：總統統率全國軍隊，主持最高國防會議。

《法國憲法》第15條：總統統率全國軍隊，主持國防最高會議委員會。

總統爲防禦外侮，保衛國家領土完整及人民福利，而統率全國陸海空軍。

按，軍事統率權力，分爲軍令與軍政兩種。總統統率權爲軍令權，於統率系統設立參謀總長爲幕僚長，下設陸海空軍（總）司令部、爲執行戰鬥序列之指揮系統。至於國防部長（文官）職務，屬於軍政。

依〈國防法〉第8條：總統統率全國陸海空軍，爲三軍統帥，行使統率權指揮軍隊，直接責成國防部部長，由部長命令參謀總長指揮執行之。

第三十七條：總統依法公布法律，發布命令，須經行政院院長之副署，或行政院院長及有關部會首長之副署。

併參第72條：立法院法律案通過後，移送總統及行政院，總統應於收到後十日內公布之，但總統得依照本憲法第五十七條之規定辦理。〔覆議〕

及第170條：本憲法所稱之法律，謂經立法院通過，總統公布之法律。

按，憲法本第37條「須經行政院院長之副署」，原意乃以「副署」之關係而負其責任；唯現今總統已爲人民直選，有民意基礎；且此意可能發生與憲法第44條：「總統對於院與院間之爭執，除本憲法有規定者外，得召集有關各院院長會商解決之。」之總統元首的「院際爭執中立調和節」有所衝突，因院與院間既有爭執，而由總統出面主持會商解決時，恆爲院際權限爭執當事人之一造的行政院長，竟得以此「副署權」之作爲或不作爲而干預權限爭執調和權之會商解決，更於五權憲法「五權分立而分工協力合作」，並非牽制分權或某一院權力獨大，而破壞五權憲政精義。是故，《憲法增修條文》第2條修正爲：「總統發布行政院院長與依憲法經立法院同意任命人員之任免命令及解散立法院之命令，無須行政院院長之副署，不適用憲法第三十七條之規定」。

第三十八條：總統依本憲法之規定，行使締結條約及宣戰、媾和之權。

所謂「依本憲法之規定」乃指憲法第58條：行政院院長、

各部會首長，須將應行提出於立法院之……宣戰案、媾和案、條約案……提出於行政院會議議決之；第63條：立法院有議決……宣戰案、媾和案、條約案……之權；及第141條：中華民國之外交……敦睦邦交，尊重條約……。

cf.《美國憲法》第2條第2項第1款：總統有締結條約之權。

《義大利憲法》：總統派遣及接受外交使節，得批准國際條約。

《韓國憲法》：大統領有締結條約、宣戰及媾和之權。

《德國基本法》第59條：總統與外國締結條約，派遣及接受使節。

第三十九條：總統依法宣布戒嚴，但須經立法院之通過或追認。立法院認為必要時，得決議移請總統解嚴。

cf.《印尼憲法》：總統為保障內部與外部安全之必要，宣布緊急狀態。**行政機關得將權力移轉於軍事機關，並使行政機關隸屬於軍事機關。**

《韓國憲法》：大統領於戰時、事變狀態中，得依法宣布戒嚴，對言論、出版、集會與結社之自由，或對行政及司法之權利，得採特別措施。**國會請求解除戒嚴，大統領應依從之。**

按行憲後之37年5月19日，所修正公布施行的〈戒嚴法〉之限制人民的自由或權利，乃「合」於「憲」法第23條規定，為「避免緊急危難，維持社會秩序，或增進公共利益所必要者」，乃以法律限制之。

民國76年7月14日總統令：准立法院決議咨請，宣告臺灣地區自76年7月15日零時起解嚴。

第四十條：總統依法行使大赦、特赦、減刑及復權之權。

請併參憲法第58條：行政院院長、各部會首長，需將應行提出於立法院之……大赦案……提出於行政院會議議決之。

及第63條：立法院有議決……大赦案……之權。

cf.《美國憲法》第2條第2項第1款：總統有權對犯罪者頒賜赦免與減刑。

《菲律賓憲法》：總統有權於適當之限度內，對犯罪者予以大赦、赦免、及減刑。

《日本國憲法》第7、73條：內閣執行天皇依助言而認證之大赦、特赦、減刑及復權。

《義大利憲法》第79、87條：總統得行使大赦、特赦和減刑。

《法國憲法》第17條：總統有赦免權。

《奧地利憲法》第65條：總統行使大赦、特赦、減刑之權。

按，國家為促使犯罪人改過遷善更新，或因蒙冤受屈情有可原者，而以赦免制度與減刑，以救濟法律之窮竭。

又，大赦範圍最大，效力最強，故須經行政院會議與立法院之議決（憲法第58、63條）；特赦減刑及復權，僅需主管部門（如法務部、國防部）審議，經總統核可即可。

第四十一條：總統依法任免文武官員。

總統為國家元首，對內代表國家及領袖群倫，為「增進人民福利，保衛國家」而依法任免文武官員。

cf.《美國憲法》第2條第2項第1款：總統提名大使、公使、領事、最高法院法官、及其他官吏。下級官員之任命權，授與總統、法院或各部長官。

《日本國憲法》第7條：天皇依內閣之建言與認證，為國民任免國務大臣及大使、公使等官吏。

《法國憲法》第8、9條：總統任命內閣總理與總理提議的內閣官吏成員。總統主持國務會議。

按，民主國家文官制度及陸海空軍武官人士，多已建立分級負責任免制度；再者，國家元首日理萬機，故實際上總統所任免之文武官員，蓋為行政院長、副院長、各部會首長及政務委員；司法院長、副院長及大法官；考試院長、副院長、考試委員；監察院審計長；與總統府秘書長、參軍長、三軍高級將領、及其他特任特派之高階文武官員。

又依大法官第76號釋憲文，「應認國民大會、立法院、監察院共同相當於民主國家之國會」。是故，憲法原由人民直接、間接選出之國會議員，不由總統任免。

第四十二條：總統依法授與榮典。

國家為獎勵國人著有功勳，褒揚行狀，或為「敦睦邦交，促進國際合作」之外國政要，而頒授勛章、獎章、獎狀、褒狀等名器榮典。

cf.《日本國憲法》：天皇依內閣助言與認證，不附特權，授與勛章、榮譽之榮典。

《韓國憲法》：大統領依法授與勛章及榮典。

《義大利憲法》第87條：總統授與榮典。

按，勛章、獎章等國家名器榮典之「依法」授與，在彰顯政府公開表示隆重與肯定之意，避免以私人交往關係特權而私相授與，以杜絕虛名氾濫。

第四十三條：國家遇有天然災害、癘疫，或國家財政經濟上有重大變故，須為急速處分時，總統於立法院休會期間，得經行政院會議之決議，依緊急命令法，發布緊急命令，為必要之處置。但須於發布命令後一個月內提交立法院追認。如立法院不同意時，該緊急命令立即失效。

依《增修條文》第2條第3項，此條文已修正為：「總統為避免國家或人民遭遇緊急危難或應付財政經濟上重大變故，得經行政院會議之決議發布緊急命令，為必要之處置，不受憲法第四十三條之限制。但須於發布命令後十日內提交立法院追認，如立法院不同意時，該緊急命令立即失效」。

第四十四條：總統對於院與院間之爭執，除本憲法有規定者外，得召集有關各院院長會商解決之。

按，本條「本憲法有規定者」，乃指憲法第57條的「窒礙難行」之爭執；及第78條之「司法院解釋憲法，並有統一解釋法律及命令之權」。

除此，其餘各院之間也有可能引發「爭執」；比如：依憲法第58條：行政院編列提出「預算案」於立法院；第60條：行政院應提出決算於監察院；依第63條：立法院有議決「預算案」之權；再者，司法院法官獨立審判，不受任何〔編列、刪減預算，人情關說〕干涉（第80條）；考試委員獨立行使職權（第88條）；監察委員獨立行使職權（增修條文第7條）；如此，握有編列「預算」的行政院與得以「刪減」預算的立法院，很可能就會與獨立行使職權的司法、考試、監察院，因「預算」而引發院與院間的角力「爭執」紛擾。

所以，《增修條文》第5條就有增補「司法院所提出之年度司法概算，行政院不得刪減，但得加註意見，編入中央政府總預算案，送立法院審議」。

要之，總統為國家元首最高領導人，以其（或兼執政黨黨魁）之權力威望，以此中立調和權，於院際之間的爭執，用政治智慧居中進行會商、聯繫、協調、斡旋而解決院與院間之爭執僵局。

第四十五條：中華民國國民年滿四十歲者，得被選為總統、副總統。

總統為國家元首，對內統領文武百官，對外代表中華民國，保衛國家，增進人民福利，地位尊崇，職責重大；副總統有繼任或代行總統之職權；故於憲法明定其年歲資格。

cf.《美國憲法》第2條第1項第4款：出生於合眾國或採行本憲法時，為合眾國之公民，**年滿35歲及居住於合眾國境內滿14年者**，得當選為總統。

《俄羅斯憲法》第121（之2）條：總統年齡只能不小於35歲，不大於65歲，每屆任期5年，連任不得超過兩屆。是世界各國憲法中，規定擔任總統的最高年歲65，極為少見。

《土耳其憲法》第101、102條：**總統**須年滿40年，任期五年，可連任一次。**當選時，必須脫離其所屬政黨。**總統選舉採行絕對多數（二輪）投票當選制。

《韓國憲法》第67條：有國會議員被選舉權，年滿40歲，得被選為總統。

《菲律賓憲法》：菲律賓出生之國民，年滿40歲以上，並於選舉前，為菲律賓居民10年以上，得被選為總統副總統。

《新加坡憲法》第19條：年滿45歲，得為總統候選人，**被選為總統，退出其政黨，不為任何政黨黨員。**

《義大利憲法》第84條：國民年滿50歲，而享有公民參政權者，得被選為總統。

《德國基本法》第54條：凡德國人民具有聯邦議員選舉權，而年滿40歲者，有被選舉為總統之權。

至於本條規定「年滿四十歲者」，蓋以身心智慮已趨成熟穩健，不致草率行事，而足以擔當大任。

第四十六條：總統、副總統之選舉，以法律定之。

cf.《美國憲法》增補條款第12條：各州應選派選舉人投票選舉總統與副總統……凡獲得選舉票最多，且該票數超過選舉人團總數之半數者，當選為總統。〔**選舉人團**（**Electoral College**）**制**〕

《法國第五共和憲法》第7條：總統由人民直接選舉，以得到絕對多數票者爲當選。第一次無人獲得絕對多數時，則由得票較多的兩位進行第二次投票，以得票比較多者爲當選。

〔絕對多數二輪投票制〕

《阿根廷憲法》第94、97、98條：總統選舉以直接兩輪投票制進行；第一輪投票獲45%以上有效選票之最高得票者當選總統；第二輪得票至少獲40%以上有效選票，並與第二高票者相差10%以上選票者，當選爲總統。此阿根廷憲法上規定總統選舉百分比之當選門檻，爲世界各國憲法上極少見之獨特現象。

《菲律賓憲法》：總統副總統均由人民直接選舉之，各以投票最多者爲當選。（相對多數當選制）

依我國憲法原第27條：國民大會選舉總統、副總統〔間接選舉〕。現今《憲法增修條文》第2條：總統副總統由全體人民直接選舉，自中華民國85年第九任總統、副總統選舉實施。……聯名登記，同列一組，以得票最多之一組爲當選。

〔相對多數當選制〕

現行〈總統副總統選罷法〉第63條亦規定：「選舉結果以候選人得票最多之一組爲當選」。

按總統之選舉，有「相對多數」及「絕對多數」當選制。

相對多數當選制（我國採行）：

意義：候選人之得票互「相」比「對」，最高票就當選。

優點：選一次就好，節省人力物力費用。

缺點：（三人以上參選）當選人常不過半數（比如2000年

大選，扁39%、宋37%、連23%、其他約1%，扁當選，但不過半，有61%不支持投給他），缺乏民意支持基礎，常造成對立（國會民意在另一黨手中）。

絕對多數當選制（兩輪投票決選制）：

法國、拉丁美洲的阿根廷、巴西、智利，俄國、土耳其等多數國家採用。

意義：當選人得票數通常要超過半數（50%以上絕對多數）

優點：擁有過半民意支持。

缺點：（比如法國曾分別有10人與12人參選，第一輪結果分別刷掉8位與10位，只剩下前面最一、二高票者，再進行第二輪，這次贏者，即當選為總統）。亦即，缺點是通常要選兩次（兩輪），花費人力物力，費用，勞民傷財。

第四十七條：總統、副總統之任期為六年，連選得連任一次。

cf.《美國憲法》第2條第1項第1款：總統副總統之任期為四年。1951年批准增補條文第22條：總統不得超過兩任。任何人繼任為總統或代行總統職權者，其期間如超過一任中兩年以上者，任滿後僅能再連任一次。〔按此增補條文緣於羅斯福總統在1933-1945擔任總統，論者認為有違美國自華盛頓總統以來之兩任總統（two-term tradition）的基本憲法精神而提出增補、批准〕

亦即，如有一位美國副總統依憲法繼任或代行總統職權，

其期間在兩年以下，則任滿後可再連選連任兩次；如此，他連續擔任總統最長之任期爲十年減一天。

依據憲法專家學者謝瑞智教授於其《世界憲法事典》統計，各國元首之任期，如終身任期者不算，則以五年的國家占最多，其次爲四年與六年；賴比瑞亞原爲八年，後改爲六年；**法國原先七年〔因密特朗與席哈克各擔當兩任皆14年，評論者認爲過長太久〕，後改爲現今五年；總統任期一年者，僅瑞士一國，且不得連任。**

《瑞士憲法》第175至177條：聯邦委員會由七名委員組成，委員任期四年，總統由聯邦委員會成員選舉產生，任期一年，不得連任。

再者，在戒嚴時代動員戡亂時期，爲避免緊急危難，鞏固中樞領導中心，我國憲法曾於49年3月11日，經國民大會議決，隔天3月12日由總統公布施行，《動員戡亂時期臨時條款》修正而新增第3款：動員戡亂時期，總統副總統的連選連任，不受憲法第47條連任一次之限制。

現今實行之《憲法增修條文》第2條：「總統、副總統之任期爲四年，連選得連任一次」，不適用憲法第47條〔任期六年〕之規定。

第四十八條：總統應於就職時宣誓，誓詞如下：

「余謹以至誠，向全國人民宣誓，余必遵守憲法，盡忠職務，增進人民福利，保衛國家，無負國民付託。如違誓言，願受國家嚴厲之制裁。謹誓」

總統就職時，向全國人民作尊嚴鄭重宣誓，並時時警惕策

勵，永保初心至誠，竭盡保國衛民職責。

cf.《美國憲法》第2條第1項第7款：余謹莊嚴鄭重宣示，忠誠執行總統職務，並盡全力遵守維護美國憲法。

《韓國憲法》：余必遵守憲法，保衛國家，增進國民自由福利，盡忠職務。

《德國基本法》第56條：余奉獻全力於人民幸福利益，維護基本法，盡忠職務，行使正義。

按，各國元首誓詞內容，要約：（一）遵守憲法；（二）盡忠職務；（三）保衛國家；（四）增進人民福利。

依本憲法48條（母法）在43年5月13日制定之〈總統副總統宣誓條例〉（子法）第4條：「總統、副總統宣誓，於中央政府所在地，由大法官會議主席〔司法院長〕為監誓人」。第5條：「總統、副總統宣誓時，肅立向國旗及國父遺像，舉右手向上伸直，手掌放開，五指併攏，掌心向前，宣讀誓詞」。

第四十九條：總統缺位時，由副總統繼任，至總統任期屆滿為止。總統、副總統均缺位時，由行政院院長代行其職權，並依本憲法第三十條之規定，召集國民大會臨時會，補選總統、副總統，其任期以補足原任總統未滿之任期為止。總統因故不能視事時，由副總統代行其職權。總統、副總統均不能視事時，由行政院院長代行其職權。

cf.《美國憲法》第2條第1項第5款：如總統因免職、死

亡、辭職或不能執行總統之職權而去位時，由副總統執行總統
職務。

1933年美國憲法〈增補條文〉第20條第3項：如當選總統
在規定接任日期以前身故，當選之副總統，應繼任為總統。

依我國現今實行之《憲法增修條文》第2條規定：「副總
統缺位時，總統應於三個月內提名候選人，由立法院補選，繼
任至原任期屆滿為止。」

「總統、副總統均缺位時，由行政院院長代行其職權，
並依本條第一項規定補選總統、副總統，繼任至原任期屆滿為
止，不適用憲法第四十九條之有關規定」。

按，立法、監察院長屬民意代表；司法、考試院長須超出
黨派以外，獨立行使職權；又依孫中山先生〈建國大綱〉第19
條：「中央政府當設立行政、立法、司法、考試、監察五院，
實行五權憲政」。行政院排序，在五院之首。

所以，乃有本條「由行政院院長代行其職權」之規定。

另者，依85年12月31日〈**大法官釋字第419號解釋文**〉：
副總統不宜兼任行政院院長。

按，此釋字第419號，解釋理由文字甚長，要約：(1)如由
副總統兼任行政院長，將使候補人數減少，一旦總統缺位，勢
必出現一人同時擔任三項職務之「三位一體」局面，自與憲
法設計本旨相違；(2)副總統原由國民大會選出（憲27），對
國民大會負責；一旦兼任行政院長，又須向立法院負責（憲
57）；倘若立法院與國民大會意見不同時，易形成僵局衝突而
政情不穩局面；(3)依憲法第44條，總統有院際之間「爭執」

調和解決權，一旦副總統兼任行政院長，則本身既可能為「爭執」之一造，如何能達到超然客觀中立之調解？

第五十條：總統於任滿之日解職，如屆期次任總統尚未選出，或選出後總統、副總統均未就職時，由行政院院長代行總統職權。

第五十一條：行政院院長代行總統職權時，其期限不得逾三個月。

併參《五五憲草》第53條：行政院院長代行總統職權時，其期限不得逾六個月。

如果當時國家正有內亂叛國或外患交戰之緊急危難非常時期，國家情勢騷動不安，動盪不定；而本條改減為三個月，也許過於短促急迫。

第五十二條：總統除犯內亂或外患罪外，非經罷免或解職，不受刑事上之訴究。

cf.《義大利憲法》第90條與第134條：總統在其執行職務中之行為，不負訴究責任；**但叛國或侵害憲法之行為，不在此限**。憲法法院審理對總統之彈劾。

《韓國憲法》第84條：總統除犯內亂或外患罪外，在任職中，不受刑事上之訴究。

按，「**內亂**」指現行刑法第100條：「意圖破壞國體，……**變更國憲**，顛覆政府……」。

又，**增修條文第5條**：「**政黨之目的或其行為，危害中華**

民國之存在或自由民主之憲政秩序者為違憲」。

　　「外患」指刑法第103條：「通謀外國或其派遣之人，意圖使該國或他國對於中華民國開戰端者」與第104條：「通謀外國或其派遣之人，意圖使中華民國領域屬於該國或他國者」。

　　另，總統之「罷免」或「解職」，其相關程序審理機關現已規範於《憲法增修條文》第2條內。

　　要之，總統犯「內亂」或「外患」罪，經「罷免」或「解職」，得受刑事上之訴究。

　　又，**此條文之「總統刑事上之訴究豁免特權」**，乃針對其「職位」權宜而設及維護政局之安定；**但以其「任職期間」為限，一旦任職屆滿**或罷免通過、彈劾成立之去職、解職後，**仍受刑事上之訴究**。

　　茲按，總統為國家元首，是全國最高領袖，統率陸海空三軍，職權尊耀，地位崇隆，乃現今憲政體制上之實權總統；以原本憲法及增修條文等規定，總統之職權概有：

　　　　（一）元首權（憲35）

　　　　（二）統率三軍權（憲36）

　　　　（三）公布法律命令權（憲37）

　　　　（四）締結條約及宣戰、媾和權（憲38）

　　　　（五）戒嚴及解嚴權（憲39）

　　　　（六）赦免權（憲40）

　　　　（七）任免文武官員權（憲41）

　　　　（八）授與榮典權（憲42）

（九）緊急命令權（憲43及增修2）

（十）院際爭執調解權（憲44）

（十一）刑事上暫時的免訴究權（憲52）

（十二）擴大憲法機關之人事任命提名權（增修2、3、
　　　　5、6、7）

（十三）決設國安會議及國安局組織人事之權（增修2）

（十四）得解散立法院之權（增修2）

（十五）提名副總統缺位時候選人之投入補選（增修2）

（十六）覆議核可權（原憲法57條及增修3）

（十七）咨請召開立法院臨時會之職權（憲69）

（十八）其他：享有「卸任總統（副總統）禮遇條例」之
　　　　職權待遇。[3]

第五章

行　政

　　依照孫中山先生〈建國大綱〉第19條：「我國中央政府當設立行政、立法、司法、考試、監察五院，實行五權憲政」。

第五十三條：行政院為國家最高行政機關。

　　cf：《美國憲法》第2條第1項第1款：行政權屬總統（總統制）

　　《日本國憲法》第65條：行政權屬內閣（內閣制）

　　又參看憲法第35條（總統為國家元首），第36條（總統統率全國陸海空軍），第41條（總統依法任免官員），第55條（行政院長由總統提名）與第44條：「總統……召集有關各院院長會商解決」；再加上（憲法增修條文）規定，可見總統地位高於行政院長，有相當指揮權。

　　所以，憲法專家學者林紀東大法官認為「我國憲法上總統之權力，以國家元首兼具行政首長之地位，對行政院有相當指揮指導權；故行政院或非「最高」行政機關，其承上啓下，應解釋為「行政中樞機關」。[4]或僅視為「狹義」之最高行政機關。

第五十四條：行政院設院長、副院長各一人，各部會首長若干人，及不管部會之政務委員若干人。

　　《日本國憲法》第66條：內閣由總理（首相）及國務大臣

組織之。

第五十五條：行政院院長由總統提名，經立法院同意任命之。

> **立法院休會期間，行政院院長辭職或出缺時，由行政院副院長代理其職務，但總統須於四十日內咨請立法院召集會議，提出行政院院長人選，徵求同意。行政院院長職務，在總統所提行政院院長人選未經立法院同意前，由行政院副院長暫行代理。**

現今〈增修條文〉第3條：「行政院長由總統任命……憲法第五十五條之規定，停止適用」。

〔因為總統為人民直選，有民意基礎，似不再須立院同意〕

cf. 《日本國憲法》第67條：內閣總理（首相）由國會議員議決提名。

《法國第五共和憲法》：總統任命內閣總理。

第五十六條：行政院副院長，各部會首長及不管部會之政務委員，由行政院院長提請總統任命之。

請參看：憲法第75條：「立法委員不得兼任官吏」

但，《日本國憲法》第68條：「國務大臣（部會首長官吏）其中半數以上，應由國會議員選任（兼任）；專家學者認為：如此，國會（立法院）及行政院（內閣）會較圓滑融洽，

不會太對立，減少如我國憲法第57條之「窒礙難行」而有潤滑劑功能。

第五十七條：行政院依左列規定，對立法院負責：

（一）行政院有向立法院提出施政方針及施政報告之責。立法委員在開會時，有向行政院院長及行政院各部會首長質詢之權。

（二）立法院對於行政院之重要政策不贊同時，得以決議移請行政院變更之。行政院對於立法院之決議，得經總統之核可，移請立法院覆議。覆議時，如經出席立法委員三分之二維持原決議，行政院院長應即接受該決議或辭職。

（三）行政院對於立法院決議之法律案、預算案、條約案，如認為有窒礙難行時，得經總統之核可，於該決議案送達行政院十日內，移請立法院覆議。覆議時，如經出席立法委員三分之二維持原案，行政院院長應即接受該決議或辭職。

參看憲法增修第3條：（一）行政院（施政方針及施政報告）對立法院負責；立委有質詢之權。（二）覆議案。（三）不信任案投票。

參閱憲法第62條：「立法委員代表人民行使立法權」〔含質詢權〕。

又，《日本國憲法》第69條與第7條；內閣經眾議院通過不信任之決議案，或否決信任之決議案後，如十日內〔天皇〕未能解散眾議院時，應總辭職。

第五十八條：行政院設行政院會議，由行政院院長、副院

長、各部會首長及不管部會之政務委員組織
之，以院長爲主席。

行政院院長、各部會首長，須將應行提出於立法院之法律
案、預算案、戒嚴案、大赦案、宣戰案、媾和案、條約案及其
他重要事項，或涉及各部會共同關係之事項，提出於行政院會
議議決之。

參閱第63條：「立法院有議決法律案、預算案……之權」

cf. 《日本國憲法》第73條：「內閣執行法律、預算、條
約、大赦案等」

**第五十九條：行政院於會計年度開始三個月前，應將下年度
預算案提出於立法院。**

**第六十條：行政院於會計年度結束後四個月內，應提出決算
於監察院。**

參閱憲法第105條：審計長應於行政院提出決算後三個月
內，依法完成其審核，並提出審核報告於立法院。

第六十一條：行政院之組織，以法律定之。

〈行政院組織法〉在民國38年3月的修正案，有八部（內
政、外交、國防、財政、教育、司法行政、經濟、交通部）二
會（蒙藏、僑務委員會）；民國69年6月29日，司法行政部改
稱法務部。〈行政院組織法〉歷年來多做修正擴增，如增修：
衛福、文化、農業、勞動、科技部；陸委會、原民會、客委
會、退輔會等。

第六章

立　法

　　依時代政治與憲法變遷，我國目前是由人民選舉之立委所組成之立法院，爲單一國會，行使立法權（質詢權，議決法律、預算、條約，憲法修正案，彈劾及罷免總統、副總統之提議案，對行政院長不信任案，領土變更案，人事同意權等重大職權）。

第六十二條：立法院爲國家最高立法機關，由人民選舉之立法委員組織之，代表人民行使立法權。

　　cf.《美國憲法》第1條第1項：立法權屬於參、眾議院構成之國會。

　　《日本國憲法》第41、42、43條：國會爲國家最高立法機關，以眾、參議院構成，兩院由代表國民之當選議員組織之。

　　《義大利憲法》第55條：國會由眾議院與參議院組成之。

　　《法國憲法》第24條：國會由國民議會及參議院組成之。

　　《韓國憲法》立法權屬於國會。〔一院制〕

第六十三條：立法院有議決法律案、預算案、戒嚴案、大赦案、宣戰案、媾和案、條約案及國家其他重要事項之權。

　　cf.《法國憲法》：「法律、宣戰、戒嚴、媾和、條約……由國會議決。」

《日本國憲法》第59、60、61條：「法律、預算、條約……必需國會決議認可通過。」

《義大利憲法》：「大赦根據兩議院之法律宣告。」

立法院委員還有對國家其他重要事項之職權：

（一）總質詢、質詢權：依憲法第57、67條。

（二）憲法修正案、領土變更案：依增修第1、4、12條。

（三）對總統、副總統之彈劾案、罷免案：依增修條文第二條與第四條。

（四）對行政院長不信任案：依增修第2、3條。

（五）行使人事同意任用權：依增修第5條（對司法院長、副院長、大法官）、第6條（對考試院長、副院長、考試委員）、第7條（對監察院長、副院長、監察委員）及依憲法104條之監察院審計長等。

（六）覆議權、舉辦公聽會、審查行政命令及請願文書等。

另依〈增修條文〉第5條第6項：司法院所提出之年度司法概算，行政院不得刪減，但得加註意見，編入中央政府總預算案送立法院審議。

第六十四條：立法院立法委員依下列規定選出：

（一）各省、直轄市；（二）蒙古；（三）西藏；（四）邊疆地區民族；（五）僑選；（六）職業團體〔此條文已停止適用〕。

茲按增修條文第4條：立法委員自第七屆[2008年]起113

人，（一）直轄市、縣市73人；（二）平地及山地原住民各3人；（三）不分區及僑選34人：第三款依獲得5%以上政黨得票比率選出，各政黨當選名單，婦女不得低於二分之一；任期四年。

第六十五條：立法委員之任期爲三年，連選得連任，其選舉於每屆任滿前三個月內完成之。

cf. 德、荷、丹麥、土耳其、日、韓、菲、印尼等國之任期爲四年。

所以，上述憲法增修條文第4條立委任期四年，乃參考多國實例；再者，我國自1996年（民85年）起，總統之任期也由6年修改爲4年；爲求總統及立委之任期一致，**俱爲「最新民意」**，也減少頻繁選舉，降低政黨對抗，浪費人力物力費用，故立委之任期也修改爲一任四年。

（最近之顯明例子即是2020年1月11日之總統、立委之選舉合併辦理）

第六十六條：立法院設院長、副院長各一人，由立法委員互選之。

cf. 《美國憲法》第1條第2項第5款：眾議院選定該院議長（依美國憲法第1條第3項第4款：副總統爲參議院議長）。

《加拿大憲法》：眾議院選舉議員之一爲議長。

《德國憲法》第40條：聯邦議會選舉議長。

《日本國憲法》第58條：兩議院（眾、參）各選任議長。

茲按，參考憲法第68條，我國立法院依例在每一屆之第一

會期的2月1日上、下午選出院長、副院長。

　　行憲後之第一屆立法院長為孫科（37年5月～12月）；行憲史上擔任最長久的立法院長為王金平（88.2.1~105.1.31，長達17年）。

第六十七條：立法院得設各種委員會。各種委員會，得邀請政府人員，及社會上有關係人員，到會備詢。

　　目前立法院設有內政、外交及國防、經濟、財政、教育及文化、交通、司法及法制、社福及衛環等委員會。**又依大法官釋字（87.7.24）第461號：參謀總長屬憲法第67條所指政府人員，除因關係國家安全之軍事業務而有正當理由外，不得拒絕**邀請到會備詢。惟詢問內容涉及重要國防機密事項者，免予答覆。

第六十八條：立法院會期，每年兩次，自行集會。第一次自二月至五月底，第二次自九月至十二月底，必要時得延長之。

　　cf. 《法國第五共和憲法》第28條：國會每年自行集會兩次。第一會期10月至12月；第二會期於四月開始，會期不得超過三個月。

第六十九條：立法院遇有左列情事之一時，得開臨時會：（一）總統之咨請。（二）立法委員四分之一以上之請求。

　　按，立法院召開臨時會之理由，大多是以尚待審議及急需通過之法律、預算案，提請於臨時會議決通過。

第七十條：立法院對於行政院所提預算案，不得為增加支出之提議。

　　依憲法第63條，立法院立委掌控預算案議決權，一則防止立委藉故取悅選民並部署下屆連選連任，而輕率提議增加支出之流弊；再則防範行政院浪費公帑，亦所以減輕人民之賦稅負擔。

　　依據79.7.27大法官釋字第264號：「立法院請行政院在79年度再加發半個月公教人員年終獎金，以激勵士氣，其預算再行追加」，與憲法第70條規定牴觸，不生效力。

第七十一條：立法院開會時，關係院院長及各部會首長得列席陳述意見。

　　本條文及原憲法第57條（一）增修條文第3條（一）及憲法第67條相關，宜併參研讀。

　　另依大法官釋字第461號：司法、考試、監察三院院長，本於五院間相互尊重立場，並依循憲政慣例，得不受邀請列席備詢。三院所屬獨立行使職權，不受任何干涉之人員，如法官、考試委員及監察委員亦同。

第七十二條：立法院法律案通過後，移請總統及行政院，總統應於收到後十日內公布之，但總統得依照本憲法第五十七條之規定辦理〔覆議〕。

　　本條文宜併參研讀憲法第37條：「總統依法公布法律」、第63條：「立法院有議決法律案之權」、第170條：「法律謂經立法院〔議決〕通過，總統公布者」及增修條文第3條

（二）覆議。

第七十三條：立法委員，在院內所為之言論及表決，對院外不負責任。

cf.《美國憲法》第1條第6項第1款：參眾議員在議院內之言詞辯論，不受議院外責問。

《義大利憲法》第68條：國會議員執行職務之言論及投票，不受追訴。

《日本國憲法》第51條：兩議院（眾、參）議員在院內之演說、討論或表決，對院外不負責任。

《法國憲法》第26條：國會議員執行職權之言論、表決，不受追查、逮捕或審判。

《奧地利憲法》第57條：國會議員為其執行職務時之表決，享不負責任免責權，就其職務上之口頭發言或書面陳述，僅對國會內〔院內〕負其責任。

《土耳其憲法》第83條：國會議員不因其執行議會內職務時之投票〔表決〕和意見發言，而承擔責任。

《德國基本法》第46條：聯邦議員在議會中之表決或發言，不受訴追責任。

此即憲法上所謂之「國會議員言論及表決免責特權」。我國憲法第32條（國代）、第73條（立委）、第101條（監委），原皆明文此「免責權」；釋憲第76號：「國民大會、立法院、監察院，共同相當於民主國家之國會」。

然而，時過境遷，目前我國已確定**唯一民選之立法院一院制的單一國會，享有此言論及表決免責權。**

又依大法官會議釋字第122號：「地方議會議員濫用言論免責權」，及**釋字第165號**：「**地方議會議員就無關會議事項所為顯然違法之言論，仍難免責。**」

另依88.1.25公布之《**地方制度法**》**第50條**，對地方議會、代表會民代之言論免責，亦依釋字第165號規定解釋。

第七十四條：立法委員除現行犯外，非經立法院許可，不得逮捕或拘禁。

《美國憲法》第1條第6項第1款：國會兩院議員，在開會期間及其往還途中，不受逮捕。

《義大利憲法》第68條：除現行犯外，國會議員不受搜索、逮捕、拘禁。

《法國憲法》第26條：國會議員在會期中，除現行犯外，不受追查或逮捕。

《德國基本法》第46條：除非當場犯罪，聯邦議員不受訴追逮捕。

《日本國憲法》第50條：兩議院議員，除法律另有規定外，在會期中，不得逮捕。

我國憲法增修條文第4條已增修此第74條為：「立法委員除現行犯外，**在會期中**，非經立法院許可，不得逮捕或拘禁。」

第七十五條：立法委員不得兼任官吏。

cf. 《美國憲法》第1條第6項第2款：參眾議員不得受任為文官。

《法國憲法》：內閣閣員不得同時兼任國會議員。

但，《日本國憲法》第68條：內閣總理大臣（首相）任命國務大臣，唯其中半數以上，應由國會議員中選任之。

〔日本國憲法此68條設計之一項優點，在於充扮國會立法及內閣行政權之間的潤滑劑；如此，也許比較不會或較少出現我國憲法第57條及第44條所謂之「不贊同」、「窒礙難行」、「爭執」等情事發生〕。

依據司法院大法官會議解釋憲法的第1號（38.1.6）：「立委不得兼任官吏，如願就任，即應辭去立委。其未經辭職而就任者，亦顯有不繼續任立委之意思，應於其就任官吏之時視為辭職。」

另依釋字第24號解釋：公營事業機關之董事、監察人及總經理與受有俸給文武職公務員，應屬憲法第七十五條所稱官吏，立法委員均不得兼任。

第七十六條：立法院之組織，以法律定之。

此即〈立法院組織法〉。

立法院設有院長、副院長、秘書長室、各黨團辦公室（立法院組織法第33條）、顧問室、參事室、秘書處、議事處、公報處、總務處、醫務室、資訊處、法制局、預算中心、國會圖書館、人事處、內政、外交及國防、經濟、財政、教育及文化、交通、司法及法制、社福及環衛委員會等。

司　法

　　孟德斯鳩倡議行政、立法、司法三權分立學說，三者互相牽制平衡；尤其重視司法獨立，避免行政之專斷與立法之驕橫。而司法權有解釋憲法，並有統一解釋（立法）法律及（行政）命令之權。

第七十七條：司法院爲國家最高司法機關。

　　cf. 《美國憲法》第3條第1項：美國司法權屬於最高法院及國會隨時制定與設立之法院。

　　《日本國憲法》第76條：司法權屬於最高裁判所及依法設置之下級裁判所。

　　按，我國五權（行政、立法、司法、考試、監察院）憲法（第五至第九章）的每第1條（53、62、77、83、90條）皆規定○○院爲國家最高○○機關。同樣每最後1條（61、76、82、89、106條）皆規範○○院之組織，以法律定之。

第七十八條：司法院解釋憲法，並有統一解釋法律及命令之權。

　　cf. 《義大利憲法》：憲法法院審理法律及命令，是否合憲。

　　《日本國憲法》第81條：最高裁判所，決定法律、命令，是否合憲。

　　此條文宜參閱併讀憲法第171條（法律與憲法有無牴觸，

由司法院解釋）及第173條（憲法之解釋，由司法院為之）。

試舉三個「司法院大法官解釋文」，釋明本章78條：「司法院解釋憲法，並有統一解釋法律及命令之權」

（一）原民法〔民事法律〕第1089條：「父母對未成年子女權利之行使意思不一致時，由父行使」。

「違」反「憲」法第7條：「男女平等」及增修條文現第10條：「消除對女性性別歧視」之意旨。（釋字365號）

所以現今第1089條，修正為「由父母共同行使」。

（二）內政部戶政司65年法令：「姓名不雅，不能以讀音會意，〔如：吳仁耀（無人要），曾桃燕（真討厭），陶仁彥（討人厭），等改名實例〕擴大解釋」。

釋字第399號以不符憲法第22條：「凡人民之其他自由及權利〔如改不雅姓名之人格權〕，均受憲法之保障」。內政部法令違憲，不予援用。

（三）原民法第1002條：「妻以夫之住所為住所」。

依司法院釋字452號解釋：違反憲法第7條：「男女平等」及第10條：「人民有居住及遷徙之自由」，解釋原民法1002條無效（憲法第171條：法律與憲法牴觸者無效。）

現今民法第1002條規定：「夫妻之住所，由雙方共同協議之」。

第七十九條：司法院設院長、副院長各一人，大法官若干人，由總統提名，經監察院同意任命之。〔此條文已經增修，不適用〕

現今增修條文第5條：司法院設大法官十五人，並以其中

一人爲院長、一人爲副院長，由總統提名，經立法院同意任命之。……**大法官組成憲法法庭審理**〔立法院〕**對總統、副總統之彈劾及政黨（危害中華民國之存在或自由民主之憲政秩序）爲違憲之解散。**

　　cf. 《義大利憲法》第135條：憲法法院由法官十五人組成。

　　《韓國憲法》：大法院院長，經國會同意，由大統領（總統）任命。

第八十條：法官須超出黨派之外，依據法律獨立審判，不受任何干涉。

　　併參憲法第88條：考試委員須超出黨派以外，……。

　　憲法第138條：陸海空軍，須超出個人、地域及黨派關係以外，……。

　　增修條文第7條：監察委員須超出黨派以外，……。

　　憲法第7條：人民無分男女……黨派，在法律上一律平等。

　　cf. 《日本國憲法》第76條：裁判法官依憲法及法律，秉其良心獨立行使職權。

　　《韓國憲法》第103條：法官依憲法及法律，秉其良心獨立審判。

　　《德國基本法》第97條：法官依法獨立行使職權。

　　《義大利憲法》第98條：法官、軍人、警察官員、駐外外交官及領事官，法律得限制其加入政黨之權利。

　　按，超出黨派有兩種看法：1.不得加入黨派，已加入者，退出。2.法官亦享憲法第14條：人民有集會及結社之自由，可有黨籍但不參與黨團政治活動。

　　要之，法官應秉其良心，持平中立客觀，節制個人政治黨派偏向行為，獨立審判，不受任何政治經濟力之干涉。

　　按，所謂「超出黨派，獨立審判，不受任何干涉」，類指超脫上位統治者長官及黨派之政治壓力、唆使；或白黑兩道金錢利誘、惡勢力威脅；或偏激分子鼓譟「企圖影響」等干涉。

第八十一條：法官為終身職，非受刑事或懲戒處分，或禁治產之宣告，不得免職。非依法律，不得停職、轉任或減俸。

　　按本條與第80條，乃對法官之保障，勉其秉道德良心依法獨立審判，不畏政經外力權勢利益，而逼迫屈服或引生恐懼憂心。

　　依民國42年釋字第13號：憲法第81條及80條之法官，不包括檢察官。

　　cf. 《美國憲法》第3條：法官為終身職，俸金於任期內不得減少。

　　《義大利憲法》第107條：法官除非依法，不得免職、撤職、停職、轉任。

　　《法國憲法》第64條：法官為終身職，總統保障司法獨立。（請併參《土耳其憲法》第101條，《新加坡憲法》第19條，總統當選人必須退離其原屬政黨〔無分黨派，平等中立超

然〕）。

　　《德國憲法》第97條：法官爲終身職、非依法不得免職、停職、轉任或退職。

　　又，本條所謂「禁治產之宣告」乃指民法第14及15條之「精神障礙、心智缺陷、不能辨識，致不能爲意思表示或受意思表示」而言。

　　再者，「禁治產」宣告，改稱「受監護」宣告者。

　　另，現今增修條文第5條：「**司法院大法官除法官轉任者外，不適用憲法第八十一條及有關法官終身職待遇之規定**」。（89年4月國民大會臨時會通過修憲之第六次增修條文）

第八十二條：司法院及各級法院之組織，以法律定之。

　　司法院設院長、副院長、秘書長等；設各級法院（地方法院一審、高等法院二審、最高法院三審爲最終審；即所謂之三級三審制）；置大法官十五人，其資格爲：（一）曾任法官15年；（二）檢察官15年；（三）律師25年；（四）大學法律教授12年；（五）國際法庭法官等（司法院組織法第4條）。

　　又依（法院組織法）第3條：地方法院審判案件，以法官一人獨任或三人合議行之。高等法院審判案件，以法官三人合議行之。最高法院審判案件，除法律另有規定外，以法官五人合議行之。

　　孫中山先生倡議考試權獨立於行政權之外，使之不會任用私人之分贓政治弊端；並提高國家公務員及專門職技人員之素質，即以考試銓用而濟行政私用之營弊缺失；因此，考試權乃五權憲法優點特質之一。

第八十三條：考試院為國家最高考試機關，掌理考試、任用、銓敘、考績、級俸、陞遷、保障、褒獎、撫卹、退休、養老等事項。

　　依67.12.22大法官釋字第155號：「考試錄取人員實習辦法」之實習，乃實地學習之意，使應考錄取人對任職後之業務瞭解勝任，故必須實習成績及格後，始發給考試及格證書，為考試程序之一部，與憲法第十八條及第八十五條，並不牴觸、違背。

第八十四條：考試院設院長副院長各一人，考試委員若干人，由總統提名，經監察院同意任命之。（此條文已不適用）

　　目前增修條文第6條：考試院設院長、副院長各一人，考試委員若干人，由總統提名，經立法院同意任命之。

第八十五條：公務人員之選拔，應實行公開競爭之考試制度，並應按省區分別規定名額，分區舉行考

試。非經考試及格者，不得任用。

本條有關「按省區分別規定名額，分區舉行考試」之規定，經修憲（增修條文第6條），已停止適用。

按，憲法在民國35-36年通過公布並施行，依據孫（中山）先生及制憲國民大會代表之原意，因中華民國疆域遼闊，為照顧蒙、藏與邊疆地區少數教育文化原較為「貧瘠落後偏遠」，考試資訊不夠發達之考生，乃有此「分省配額」之善意提拔；唯國民政府播遷來台已久，現代考試資訊快速，交通發達便利，為顧及台灣省籍及其他非邊疆省籍等「公正平等」（憲法第7條平等權）考試與「正義」原則，乃不再有此「保障分配」之錄取名額職務規定。

第八十六條：下列資格應經考試院依法考選銓定之：（一）公務人員任用資格。（二）專門職業及技術人員執業資格。

按，本條「專門職業」指律師、會計師、外交領事人員、警員等。「專門技術人員」指中、西醫師、藥劑師、護理師、航空技術人員、河海技術人員等。

另者，依憲法85、86條，民國57至83年，為擴大選拔任用人才，曾經舉辦「甲等特考」，考銓不少高學歷的「青年才俊」，歷練出任國家府院各部會之高官職位；唯至民國84年，或以「量身製作」、「因人設事（職位）」之批評爭議，在考選部王作榮部長任內廢除。

第八十七條：考試院關於所掌事項，得向立法院提出法律

案。

　　（併參第63條：立法院有議決法律案……之權）及大法官釋字第3號與第175號（監察院與司法院亦得向立法院提出法律案）。

第八十八條：考試委員須超出於黨派之外，依據法律，獨立行使職權。

　　請參閱併讀第7條：「人民無分……黨派，在法律上一律平等」及憲法第80條（法官）、第138條（陸海空軍）、增修條文第7條（監察委員）須超出黨派以外。「理論理想」完全同意正確，唯「現實」政治上常難以執行實現。

　　比如在民國92年（2003），就有一位考試委員以其個人黨派好惡及色彩偏向，竟然用台語歌曲（補破網）爲例，出了五題選擇題，引發其他三種族群（原住民、客家人、外省籍）考生之強烈不滿及社會大眾認爲不夠中立公平議論。

　　因以台語（發音）出題，此考試「法」明顯違反「憲法」第7條（人民無分種族……黨派，一律平等）；與「憲法」增修條文第10條（國家肯定多元文化，並積極維護發展原住民族語言及文化）及第171條「法律與憲法牴觸者無效」。

第八十九條：考試院之組織以法律定之。

　　依〈考試院組織法〉第3條：「考試委員名額，七人至九人」，「院長、副院長及考試委員之任期爲四年」。

　　〔與提名之總統及同意任命之立委皆一任四年，任期一致〕

　　〈考試院組織法〉第4條，考試委員應具下列資格之一：(1)曾任大學教授十年以上，有專門著作者；(2)高考及格二十年以上，曾任簡任職滿十年，而有專門著作者；(3)學養豐富，有特殊著作或發明者。

　　另，〈公務人員考試法〉第6條：「公務人員考試，分高等（按學歷又分一、二、三級）、普通、初等考試三等」；〈公務人員任用法〉第5條：「公務人員官等分委任（1-5職等）、薦任（6-9職等）、簡任（10-14職等）」。

第九章

監 察

　　孫中山先生認為，外國國會之立法權與彈劾（監察）權合一，過於強橫壓迫政府，使得行政機關動輒得咎；為了矯正此代議政治之弊害，而倡議職司風憲之監察權獨立行使，實現萬能政府。

第九十條：監察院為國家最高監察機關，行使同意、彈劾、糾舉及審計權。

第九十四條：監察院依本憲法行使同意權時⋯⋯。

第一○○條：監察院對於總統、副總統之彈劾案⋯⋯。

　　依增修條文第4條，立法院有提議決議「總統、副總統之彈劾案」；第5、6、7條（司法院長副院長、大法官；考試院長副院長考試委員；監察院長副院長監察委員），改歸立法院行使「同意」〔權〕任命之。

　　所以，原憲法第90、94、100條多已不適用。

第九十一條：監察委員由各省市議會，蒙古西藏地方議會及華僑團體選舉⋯⋯。

　　〔現增修條文第7條，改為總統提名，非人民間接選舉〕

第九十二條：監察院設院長、副院長各一人，由監察委員互選之。

　　〔現改為立法院同意任命〕

第九十三條：監察委員之任期為六年，連選得連任。

〔增修條文刪連選連任，因已非人民選舉〕

此原憲法第91-93條，大多已停止適用。（只剩任期維持六年）

因增修條文第7條：「監察委員二十九人，以其中一人為院長，一人為副院長，任期六年，由總統提名，經立法院同意任命之」。

第九十五條：監察院為行使監察權，得向行政院及其各部會，調閱其所發布之〔行政〕命令，及各種有關文件。

〔參閱憲法第172條：命令與憲法或法律牴觸者無效〕。

第九十六條：監察院得按行政院及其各部會之工作，分設若干委員會，調查一切設施，注意其是否違法或失職。

第九十七條：監察院經各該委員會之審查及決議，得提出〔對事〕糾正案，移送行政院及其有關部會，促其注意改善。監察院對於中央及地方公務人員，認為有失職或違法情事，得提出〔對人〕糾舉案或彈劾案，如涉及刑事，應移送法院辦理。

第九十八條：監察院對於中央及地方公務人員之彈劾案，須經監察委員一人以上之提議，九人以上之審查

及決定，始得提出。

按增修條文第7條，一人已改為二人；因一人就可提議彈劾，未免失之草率，不足以保障被彈劾人權益名譽，而且很容易因政黨顏色不同，權謀算計，而引起政治對立抗爭。

第九十九條：監察院對於司法院或考試院人員失職或違法之彈劾，適用本憲法第95條、第97條及第98條之規定。

另，增修條文第7條，新增「監察院對於監察院人員失職或違法之彈劾，適用憲法第95、97條第2項及前項〔指第98條二人以上之提議〕規定」；以及新增「監察委員須超出黨派以外，依據法律獨立行使職權」。

第一○○條：監察院對於總統、副總統之彈劾案……。

按，因監察委員已非人民〔間接〕選舉選出，而改由總統提名，自不適合彈劾其提名〔提拔人〕總統副總統，而改由人民選舉，代表人民之立法院行使對總統副總統之彈劾權。

第一○一條：監察委員在院內所為之言論及表決，對院外不負責任。

第一○二條：監察委員，除現行犯外，非經監察院許可，不得逮捕或拘禁。

按，監察委員已非人民選出，不代表〔國會〕民意，故不再享有國會議員之言論及不得逮捕拘禁之免責特權。

依據82.7.23釋憲第325號解釋：修憲後之增修條文規定，

監察委員改由總統提名，不再由人民〔間接〕選舉，已非中央民意機構。

第一○三條：監察委員不得兼任其他公職或執行業務。

cf.《美國憲法》第1條第6項第2款：參議員或眾議員，均不得為合眾國文官。

《阿根廷憲法》：國會議員不得擔任行政機關職務。

請併參憲法第75條：立法委員不得兼任官吏。

又所謂不得兼任其他公職或執行業務，依大法官釋憲第24號（公營事業機關之董事、監察人及總經理，與受有俸給之文武職公務員），第81號（民營公司之董事、監察人及經理人），第120號（新聞紙雜誌發行人），皆與監察委員職權顯不相容，故不得兼任。

第一○四條：監察院設審計長，由總統提名，經立法院同意任命之。

另依大法官釋字83.7.8第357號，《審計部組織法》第3條規定：「審計長之任期為六年」，又於《審計法》第10條規定：「審計人員依法獨立行使其審計職權，不受干涉」，俾能超然獨立客觀行使職權而無所瞻顧。

第一○五條：審計長應……提出審核報告於立法院。

第一○六條：監察院之組織，以法律定之。

〈監察院組織法〉第3條：「監察院設國家人權委員會」，第3-1條：「監察委員須年滿三十五歲」，第7條：「監察院會議由院長、副院長及監察委員組織之，以院長為主席」。

第十章

選舉罷免創制複決

憲法第二章〈人民之權利義務〉於第17條規定：人民有選舉、罷免、創制及複決之權。復以此四權專列一章爲本章章名，尤其強調看重於四權之行使方法四大原則及選舉人與被選舉人之年歲要件等。

憲法本章條文中，罷免僅一條（第133條），創制複決一條（第136條），選舉占有條文比重偏高，益顯其重要。

又，現行《公職人員選罷法》第三章〈選舉及罷免〉共九節，而選舉就占有八節，罷免僅有一節。

第一二九條：各種選舉，除本憲法別有規定外，以普通、平等、直接及無記名投票之方法行之。

cf. 〈世界人權宣言〉（1948.12.10）第21條：人人有直接、普遍、平等、不記名投票自由的選舉。

1969年《美洲人權公約》第23條：公民享有直接、自由、普遍、平等、秘密投票選舉之參政權利。

《日本國憲法》第15、44、92條：選舉採普通、秘密、平等、直接方法。

《法國憲法》第3條：選舉以直接或間接、普通、平等及秘密方法行之。

《德國基本法》第38條：人民依普通、直接、自由、平等及秘密方法選舉。

《義大利憲法》第48、56、58條：選舉投票以平等、自由、秘密、普通、直接方法行使。

按，「本憲法別有規定」指：原第27條「國民大會選舉總統、副總統」，及原第91條「監察委員由省市，蒙藏議會、及僑民選出」之間接非直接選舉。

普通（普及）：相對於限制選舉（如依財產納稅、性別、教育識字、黑白膚色等）；美國至1870年，始給黑人投票權（增補條文第15條）；美國至1920年（增補條文第19條），英國至1928年，法國至1946年始給婦女完全投票權。

平等（票票等值，一人一票）：相對於不平等（比如英國早期以高所得財產、大學畢業生，即有錢比較不受賄賂及受高等教育有知識判斷力而比較足以選賢與能者，即可多領一或兩票）。

無記名投票：指秘密投票，相對於公開〔舉手、起立、鼓掌〕票決；英國在1868年於英屬殖民地澳大利亞所實行在秘密獨處票櫃（voting booth）圈選候選人之無記名投票方式（Australian Ballot），即為現今各國所採用者。

第一三○條：中華民國國民年滿二十歲者，有依法選舉之權。除本憲法及法律別有規定者外，年滿二十三歲者，有依法被選舉之權。

cf.《美國憲法》在1971年提出、批准之第26條增補條文，訂定凡年滿18歲以上之合格美國公民，有投票權。

聯合國在1954年的《婦女政治權利公約》第1-3條及1967

年的《消除對婦女歧視宣言》第4條：婦女享有選舉投票權，並享有服務公職權利，與男子平等，不受歧視。

按，衡量各國多已訂滿18歲有投票權，預知我國亦會下修至18歲。

本條所謂「除本憲法及法律別有規定者外」，乃指，本憲法45條：「年滿40歲者，得被選爲總統、副總統」。

依〈公職人員選罷法〉第24條：「直轄市長、縣市長需滿30歲；鄉鎮市長、原住民區長需滿26歲，始得參選」。

又依〈監察院組織法〉第3-1條「監察委員需年滿35歲」。

第一三一條：本憲法所規定各種選舉之候選人，一律公開競選。

第一三二條：選舉應嚴禁威脅利誘。選舉訴訟，由法院審判之。

請併參第80條：法官須超出黨派以外，依據法律獨立審判，不受任何干涉。

所謂「威脅利誘」，類指黑道暴力與金錢賄賂利誘之「黑」「金」勢力干涉選舉。

按，選戰常爲政黨政治爭鬥，各黨候選人多煞費取巧心機，譁眾取寵，甚至抹黑抹紅抹黃等詐僞卑劣行爲，及期約賄賂，威脅利誘等不正當利益手段。

所以，現行刑法第六章〈妨害投票罪〉規範第142條（強暴脅迫）、第143條（期約賄賂）、第144條（期約其他不正利

益）、第145條（誘惑行使或不行使投票）、第146條（以詐術使投票發生不正確結果）等刑責。

又，《公職人員選舉罷免法》第五章〈妨害選舉罷免之處罰〉，約自第94條至第104條，規範強暴脅迫，期約賄賂或其他不正利益，以文字、圖畫、錄音、錄影、演講或他法，散布謠言或傳播不實之事等的判刑或罰金。

第一三三條：被選舉人，得由原選舉區依法罷免之。

依《公職人員選罷法》第九節〈罷免〉規範罷免之提出（第1款）、成立（第2款）與投票及開票（第3款）。其中，第1款第75條：「罷免得由原選舉區選舉人提出，但就職未滿一年者，不得罷免」。「全國不分區及僑居國外國民立法委員選舉之當選人，不適用罷免之規定」。

又依82.12.30大法官釋字第331號：「僑居國外國民及全國不分區之中央民代，係按選舉之政黨得票比例方式產生，而非由選舉之選民投票選出，自無從由原選舉區之選民以投票予以罷免」。

第一三四條：各種選舉，應規定婦女當選名額，其辦法以法律定之。

cf.《聯合國憲章》（1945.6.26通過，同年10.24生效）第55條：普遍尊重與遵守人類之人權及基本自由，不分種族、性別、語言、或宗教。

聯合國〈婦女政治權利公約〉（1952年決議，1954年生效）第1條：婦女有權參加一切選舉，與男子平等。

　　1967年聯合國又通過〈消除對婦女歧視宣言〉，其第4條文：確保婦女享有選舉投票權與擔任公職的權利。

　　另，德國1919年《威瑪憲法》22條：國會議員依比例代表選舉制選出。

　　依〈增修條文〉第4條第1項第3款規定「全國不分區及僑居國外國民（之立委）共三十四人；各政黨依得票比例選出之當選名單中，婦女不得低於二分之一」；〈增修條文第十條〉：「國家應……消除性別歧視，促進兩性地位之實質平等」。

　　又，〈公職人員選罷法〉第67條：全國不分區及僑選立委，各政黨當選名額，婦女不得低於二分之一；及68條：地方公職人員，婦女當選人少於應行當選名額時，應將婦女候選人得票單獨計算，以得票較多者爲當選。

第一三五條：內地生活習慣特殊之國民代表名額及選舉，其辦法以法律定之。（依憲法增修條文第1條規定，此第135條停止適用。）

第一三六條：創制複決兩權之行使，以法律定之。

第十一章

基本國策

按，各國憲法極少有專列一章〈基本國策〉者，本章規定法條入憲，蓋始於源自德國1919年8月11日制訂之「威瑪（Weimar）憲法」第二篇人民基本權利之第二章（婚姻家庭共同生活），第四章（教育及學校），第五章（經濟生活），仿效得來。

本章條文國策，指國家政策；而基本國策，則謂這些列舉政策，乃我國立國基本與根本之精神所在（自第137條至第169條，凡33條）。泛多繁雜，修憲後，已盡量編入〈憲法增修條文〉第10條（共13項）。

第一三七條：中華民國之國防，以保衛國家安全，維護世界和平爲目的。國防之組織，以法律定之。

　　　　　　請並參閱憲法第一〇七條：國防與國防軍事，由中央立法並執行之。

　　cf.《韓國憲法》：韓國放棄一切侵略戰爭，國軍使命在保衛國土。

　　《泰國憲法》：泰國爲保衛國家獨立及利益，維持軍隊。

　　《聯合國憲章》（1945.6.26簽訂）第43條：聯合國各會員國爲求維持世界和平及安全，依特別協定，供給維持世界和平及安全所必須之軍隊，協助及便利。

　　按，我國〈國防法〉第1條：本法依中華民國憲法第

一百三十七條制定。

第2條：中華民國之國防，以達成保衛國家與人民安全及維護世界和平之目的。

第一三八條：全國陸海空軍，須超出個人、地域及黨派關係以外，效忠國家，愛護人民。

第一三九條：任何黨派及個人，不得以武裝力量，為戰爭之工具。

按我國憲法在民國35.12.25制定通過，36.1.1公布，36.12.25施行。

制定憲法目的在「鞏固國權，保障民權，奠定社會安寧，增進人民福利」（前言）。

且憲法第2條規定：「中華民國之主權屬於國民全體」。唯在憲法施行前之民初軍閥割據時代，擁兵自雄，形同個人地域之私有軍隊武裝力量，時常引致國家內戰，黨派政爭。

因此，憲法第138條及第139條意旨，乃在避免重蹈過昔覆轍，亦即要「軍隊國家化」，全國陸海空軍，效忠國家，保衛安全，愛護人民，奠定社會安寧，增進人民福利。

又依〈國防法〉第5條：中華民國陸海空軍，應服膺憲法，效忠國家，愛護人民，以確保國家安全。第6條：中華民國陸海空軍，應超出個人地域及黨派關係，依法保持政治中立。

第一四〇條：現役軍人，不得兼任文官。

cf.《日本國憲法》第66條：內閣總理大臣及其他國務大

臣,應爲文人。

我國〈公職人員選舉法〉第27條:現役軍人,服替代役之現役役男,不得登記爲公職人員候選人。

依《中華民國憲法》第1條:中華民國爲民主共和國。爲闡揚民主憲政,防止軍人干政,依仿民主國家文明進步常例,採行「文武分治」制度。再因現代國防軍事,頗爲專業繁重,應一心一意專任而不得兼任。

第一四一條:中華民國之外交,應本獨立自主之精神,平等互惠之原則,敦睦邦交,尊重條約及聯合國憲章,以保障僑民權益,促進國際合作,提倡國際正義,確保世界和平。

請參閱憲法第107條:外交由中央立法並執行之。

參考1945.6.26《聯合國憲章》第一章第1條「宗旨及原則」:促進國際合作,依循國際正義平等原則,維持並增進世界和平及安全。

《日本國憲法》第98條:日本應誠實遵守條約及國際法規。

《泰國憲法》:泰國應保持國家獨立,且與各國協力,促進世界和平。

第一四二條:國民經濟應以民生主義爲基本原則……。

第一四五條:國民生產事業及對外貿易,應受國家之獎勵、指導及保護。

第一五一條：國家對於僑居國外之國民，應扶助並保護其經濟事業之發展。

第一五四條：勞資雙方應本協調合作原則，發展生產事業。

合併於增修第10條第3項「國家對於人民（含僑居國外國民）興辦之中小型經濟事業，應扶助並保護其生存與發展」。

又今增修條文第10條第2項「經濟及科學技術發展，應與環境及生態保護兼籌並顧」。

cf.《瑞士憲法》第73、74條：致力人類與自然之間平衡永續發展，立法保護自然環境免受損害。

《南非憲法》第24條：人人皆享有環境生態永續發展使用利益。

1972年聯合國在瑞典斯德哥爾摩會議通過〈人類環境宣言〉；1992年又於巴西里約召開會議，通過〈氣候變遷架構公約〉；1997年又在日本京都召開會議，制定〈京都議定書〉，尋求降低溫室效應氣體排放量，保護自然環境生態。

第一四六條：國家應運用科學技術，以興修水利……促成農業之工業化。

〈增修條文〉第10條第1項「國家應獎勵科學技術發展及投資，推動農漁業現代化，重視水資源之開發利用……」。

第一四九條：金融機構，應依法受國家之管理。

第一五○條：國家應普設平民金融機構，以救濟失業。

合併於〈增修條文〉第10條第4項「國家對於公營金融機

構之管理，應本企業化經營原則……」。

第一五二條：人民具有工作能力者，國家應予以適當之工作機會。

併參憲法15條：人民之生存權、工作權及財產權，應予保障。

〈增修條文〉第10條第7項「國家對身心障礙者之無障礙環境……就業輔導及生活維護與救助，應予保障。」

第一五三條：婦女兒童從事勞動者，應按其年齡及身體狀態，予以特別之保護。

cf.〈聯合國兒童權利公約〉第32條：「兒童不受經濟剝削榨取，應規定受雇最低年齡，適當的工時和工作條件，避免從事影響其教育及身心健康的工作」。

1948年〈世界人權宣言〉第25條：母親和兒童有權得享特別的照護與協助。

1979年〈聯合國消除對婦女一切形式歧視公約〉第11條：基於男女平等，婦女享有職業工作就業權利，禁止以懷孕或產假理由解雇，實施帶薪產假保護福利。

《南非憲法》第28條：保護兒童不受虐待、剝削勞動的權利。

《土耳其憲法》第50條：兒童、婦女及身心障礙者，在勞動工作方面，應受特別保護。

《義大利憲法》第31、37條：共和國保護母性（母親），幼童及少年。

《日本國憲法》第27條：兒童不得酷使工作勞動，依勞動基準法保護其工資、工時、休息等工作條件。

第一五六條：國家應保護母性，並實施婦女兒童福利政策。

〈增修條文〉第10條第6項：國家應維護婦女之人格尊嚴，保障婦女之人身安全，消除性別歧視，促進兩性地位之實質平等。

〈兒童及少年福利與權益保障法〉第33條：兒童及孕婦應優先獲得照顧。交通（含公共停車場停車位、鐵路、捷運車站、航空站之親子廁所鹽洗室，並附設兒童安全座椅、尿布臺等設備）及醫療事業應提供兒童及孕婦優先照顧措施。

第一五五條：國家應實施社會保險制度……。

第一五七條：國家應普遍進行衛生保健事業及公醫制度。

合併於〈增修條文〉第10條第5項：國家應推行全民健康保險，並促進現代（西）和傳統（中）醫藥之研究發展。

及第10條第8項：國家應重視保險及醫療保健。

第一五八條：教育文化，應發展國民之民族精神，自治精神，國民道德，健全體格、科學及生活智能。

第一五九條：國民受教育之機會，一律平等。

第一六〇條：六歲至十二歲之學齡兒童，一律受基本教育，免納學費。其貧苦者，由政府供給書籍。已逾學齡未受基本教育之國民，一律受補習教育，免納學費，其書籍亦由政府供給。

併參憲法第21條：人民有受國民教育之權利義務。

〈世界人權宣言〉第26條：人人有權受教育之權利，教育應當免費，至少在初級基本義務教育階段。

1990年〈聯合國兒童權利公約〉第28條：兒童有受教育的權利，實現全面的免費義務小學教育。

第一六一條：各級政府應廣設獎學金名額，以扶助學行俱優無力升學之學生。

第一六三條：國家應推行社會教育，提高國民文化水準。

第一六四條：教育、科學、文化之經費，在中央不得少於其預算總額百分之十五，在省不得少於其預算總額百分之二十五，在市縣不得少於其預算總額百分之三十五。其依法設置之教育文化基金及產業，應予以保障。

由於我國中央政府長期在國防、外交之編列支出預算金額，一直偏高不下，而排擠到教、科、文之經費未能達於憲法所規定；一直要到民國85年的中央政府總預算中，教育占9.9%、科學占4.2%、文化占0.9%，教科文三者合計，總算達到總預算的百分之十五。惟修憲後之〈增修條文〉第十條第10項規定「教育、科學、文化之經費，尤其國民教育之經費應優先編列，不受憲法第164條規定之限制。」

第一六二條：全國公私立之教育文化機關，依法律受國家之監督。

第一六五條：國家應保障教育、科學、藝術工作者之生活，

並依國民經濟之進展，隨時提高其待遇。

第一六六條：國家應獎勵科學之發明與創造，並保護有關歷史、文化、藝術之古蹟、古物。

第一六七條：國家對於下列事業或個人，予以獎勵或補助：

（一）國內私人經營之教育事業成績優良者。

（二）僑居國外國民之教育事業成績優良者。

（三）於學術或技術有發明者。

（四）從事教育久於其職而成績優良者。

cf.〈世界人權宣言〉第27條：人人有權對其創造著作之科學、文學或美術藝術作品，享受保護精神和經濟物質上的待遇利益。

《美國憲法》第1條第8項第8款：國會有權對於著作家與發明家保證其著作及發明物，於限定期間內，有獨享著作專利權，以獎勵科學與藝術之進步。

第一六八條：國家對於邊疆地區各民族之地位，應予以合法之保障，並於其地方自治事業，特別予以扶植。

第一六九條：國家對於邊疆地區各民族之教育、文化、交通、水利、衛生及其他經濟、社會事業，應積極舉辦，並扶助其發展，對於土地使用，應依其氣候、土壤性質，及人民生活習慣之所宜，予以保障及發展。

另，基本國策於〈增修條文〉第10條增列有第9項：國家

應尊重軍人貢獻，並對退役後予以保障；第11項：國家肯定多元文化，並積極維護發展原住民族語言及文化；以及第12項：國家應保障原住民族地位及政治參與，澎湖、金門、馬祖人民亦同；及第13項：僑居國外國民之政治參與等。

第十二章

憲法之施行及修改

　　憲法條文是形式上的文書法典，爲靜態的；然而，憲政乃是在後來之政治、社會思潮的實行運作、增修解釋及成長變遷過程，爲動態的；而法要與時並進，於是制憲者當初就設計有〈憲法之施行及修改〉。

第一七〇條：本憲法所稱之法律，謂經立法院通過，總統公布之法律。

　　請併閱參讀第63條：立法院有議決法律案……之權。

　　72條：立法院法律案通過後，移送總統及行政院，總統應於收到後十日內公布之，但總統得依照本憲法第五十七條之規定辦理。〔覆議〕

　　增修條文第3條第2項：行政院對於立法院決議之法律案……如認爲有窒礙難行時，得經總統之核可，於該決議案送達行政院十日內，移請立法院覆議。

第一七一條：法律與憲法牴觸者無效。

　　　　　　法律與憲法有無牴觸發生疑義時，由司法院解釋之。

第一七二條：命令與憲法或法律牴觸者無效。

第一七三條：憲法之解釋，由司法院爲之。

　　cf.《美國憲法》第6條第2項：本憲法，與依本憲法所制定

之聯邦法律，皆爲全國之最高法，任何各州均應遵守。

《德國憲法》（基本法）第20條：立法應受憲法之拘束。

《義大利憲法》第134條：憲法法院（法庭）審判法律及命令，是否合憲。

《日本國憲法》：第81條（最高裁判所決定法律、命令、規則，是否合憲）。第98條（憲法爲國家最高法，違反其規定之法律、命令，均無效）。

《比利時憲法》：法律、命令、章程牴觸憲法者，均予廢止。

《加拿大憲法》第52條：憲法是首要地位最高法，法律如不符合憲法者，無效。

請併閱參讀憲法〈前言〉：……制定本憲法，頒行全國，永矢〔決心發誓〕咸遵。（全國人民都要遵守）；更且憲法學者通說肯定「前言仍爲憲法之一部分」，得以依據而爲憲法解釋。[5]

第48條〈總統誓詞〉：……余必遵守憲法，盡忠職務，增進人民福利，保衛國家，無負國民付託。（國家元首，陸海空軍統帥，更必宣誓遵守）

第78條：司法院解釋憲法，並有統一解釋法律及命令之權。

按，「法」者，指憲法、法律（條例）、行政命令（及規則、章程、規章、施行細則、辦法等）。以地位和效力而言，憲法爲最高，屬第一級；法律其次，爲第二級；命令又其次，爲第三級[6]。

其中，憲法居最高階地位，具最優越效力，為法律及命令（子法）之母法。

在我國憲法條文中，出現諸多「依法」、「依法律」、「以法律定之」的字眼規範，可知憲法是法律制定的依據，是法律的淵源（法源）。

又，司法院對憲法之解釋，類有：（一）就文義解釋，如釋字第13號（憲法第80條之法官，指依據法律獨立審判者，不包括檢察官）；（二）依理類推解釋，如釋字第3與第175號（憲法第87條明文規定，考試院得向立法院提出法律案；依此類推，則監察院與司法院，皆得向立法院提出法律案）等[7]。

第一七四條：憲法之修改：

一、由國民大會代表提議決議。

二、由立法院立法委員提議決議……。

第一七五條：本憲法施行之準備程序，由制定憲法之國民大會議定之。

按，民國94年（2005）6月7日，任務型國代複決通過第七次憲法修正案且經總統於6月10日公布，並增訂憲法增修第12條條文，國民大會正式走入歷史。

現今憲法增修的第12條條文：憲法之修改，須經立法院立法委員……提出憲法修正案，並於公告半年後，經中華民國自由地區選舉人投票複決，有效同意票過選舉人總額之半數，即通過之，不適用憲法第一百七十四條之規定。

註解

1. 陳新民，《中華民國憲法釋論》，頁197；陳新民，《憲法學導論》，頁90~91。

2. 陳新民，《中華民國憲法釋論》，頁170~172；李惠宗，《憲法要義》，頁111~113。

3. 張世熒，《中華民國憲法與憲政》，頁103，〈總統之職權〉；陳新民，《憲法學導論》，頁223，〈總統的職權〉。

4. 林紀東，《中華民國憲法逐條釋義》（第二冊），頁186。

5. 林紀東，《中華民國憲法逐條釋義》（第一冊），頁17。

6. 管歐著，林騰鷂修訂，《中華民國憲法論》，頁9。

7. 彭懷恩、趙中麒，《中華民國憲法Q & A》，頁466-467。法治斌、董保城，《中華民國憲法》，頁62-65。

本書主要參考書目

一、專書論著

王業立（2006），《比較選舉制度》，五南。

司法院大法官書記處，《司法院大法官解釋彙編》。

任德厚（2002），《比較憲法與政府》，三民。

任德厚（2005），《政治學》，自印。

李念祖（1980），《動員勘亂時期臨時條款在我國憲法上之地位》，台大法研所碩士論文。

李念祖編（1991），《從動員勘亂到民主憲政》，民主文教基金會。

李惠宗（2006），《中華民國憲法要義》，元照。

吳文程（1996），《政黨與選舉概論》，五南。

吳重禮（2008），《政黨與選舉》，三民。

吳玉山主編（2013），《政治學的回顧與前瞻》，五南。

林紀東，《中華民國憲法逐條釋義（全四冊）》，三民。

林紀東（1976），《中華民國憲法釋論》，朝陽大學法律評論社。

林紀東（1980），《比較憲法》，五南。

林騰鷂（2005），《中華民國憲法》，空大。

林金莖、陳水亮（1993），《日本國憲法論》，中日關係研究會。

林麗香、林宗達等（2001），《中華民國憲法綜論》，晶典。

周育仁（2002），《政治學新論》，翰蘆。

周陽山（1997），《憲政與民主》，台灣書店。

周繼祥（2000），《中華民國憲法概論》，揚智。

芮正皋（1992），《法國憲法與雙首長制》，白雲。

法治斌、董保城（1999），《中華民國憲法》，空大。

涂懷瑩（1993），《現代憲法原理》，正中。

高德源譯：Arend Lijphart著（2004），《三十六個現代民主國家的政府類型與表現》，桂冠。

荊知仁（1984），《中國立憲史》，聯經。

郭秋慶（1999），《歐洲聯盟概論》，五南。

許慶雄（1999），《憲法講義》，知英文化。

許慶雄（2000），《憲法入門》，元照。

鄒文海（1977），《比較憲法》，三民。

鄒文海（1993），《政治學》，三民。

陳新民（1999），《憲法基本權利之基本理論（上、下冊）》，元照。

陳新民（2001），《中華民國憲法釋論》，作者發行。

陳新民（2003），《憲法學導論》，作者發行。

陳新民（2008），《憲法導論》，新學林。

陳新民（2011卷一，2013卷二），《釋憲餘思錄》，三民。

陳志華（2012），《中華民國憲法概要》，三民。

陳義彥、游清鑫主編（2020），《政治學》，五南。

陳慈陽（2005），《憲法學》，元照。

陳水逢（1982），《中華民國憲法論》，中央文物供應社。

陳固亭譯，美濃部達吉著（1951），《日本新憲法釋義》，正中。

陳慧貞、甘國正（2017），《中華民國憲法》，至善。

張世熒（2001），《中華民國憲法與憲政》，五南。

張世熒（2005），《選舉研究—制度與行為途徑》，新文京。

張治安（1992），《中華民國憲法及政府》，五南。

張君勱（2014），《中華民國憲法十講》，商務。

傅崑成等編釋（1991），《美國憲法逐條釋義》，123資訊出版。

黃炎東（2002），《新世紀憲法釋論》，五南。

黃炎東（2006），《中華民國憲法新論》，五南。

黃秀端、許孝慈等著（2017），《認識立法院》，五南。

彭懷恩（1993），《政治學Q&A》，風雲論壇。

彭懷恩、趙中麒（1994），《中華民國憲法Q&A》，風雲論壇。

程全生（1971），《憲法釋論》，幼獅。

葛永光（2011），《政黨與選舉》，空大。

葉陽明（2005），《德國憲政秩序》，五南。

葉陽明（2011），《德國政治新論》，五南。

董翔飛（1992），《中國憲法與政府》，作者發行。

管歐（1994），《中華民國憲法論》，三民。

管歐著、林騰鷂修訂（2007），《中華民國憲法論》，三民。

趙永茂、袁頌西（2007），〈薩孟武先生對政治學的研究與貢獻〉，
　　收錄於黃兆強主編，《二十世紀人文大師的風範與思想》，學生
　　書局。

趙永茂等著（2001），《中華民國發展史（政治與法制）》，政大出版。

劉慶瑞（1994），《中華民國憲法要義》，劉憶如發行。

薩孟武（1990），《中國憲法新論》，三民。

戴雪（A. V. Dicey）著、雷賓南譯（1991），《英憲精義》，帕米
　　爾。

謝瑞智（1991），《憲法大辭典》，自印發行。

謝瑞智（1992），《比較憲法》，自印發行。

謝瑞智（1999），《憲法新論》，自印發行。

謝瑞智（2001），《世界憲法事典》，正中。

謝復生（1992），《政黨比例代表制》，理論與政策。

謝政道（2007），《中華民國修憲史》，揚智。

關中（1992），《日本政黨與政治模式》，民主文教基金會。

羅傳賢（2004），《國會與立法技術》，五南。

蘇子喬（2013），《中華民國憲法－憲政體制的原理與實際》，三
　　民。

蘇嘉宏（2002），《增修中華民國憲法要義》，東華。

二、期刊與網址

王業立（1992），〈美國總統選舉制度的探討—直接選舉或間接選舉〉，《美國月刊》，7卷6期。

史尚寬（1968），〈民意代表言論免責權比較研究〉，《東方雜誌》，復刊第一卷第九期。

吳東野（1996），〈半總統制政府體系之理論與實際〉，《問題與研究》，35卷8期。

周育仁（1996），〈總統直選對我國憲政體制之影響〉，《問題與研究》，35卷8期。

周陽山（1996），〈總統制、議會制、半總統制與政治穩定〉，《問題與研究》，35卷8期。

高朗（1993），〈內閣制與總統制之比較分析〉，中國政治學會，《政治學報》，21期。

荊知仁（1968），〈從議員言論免責權論大法官會議一二二號解釋〉，《東方雜誌》，復刊第一卷第八期。

張世熒（1996），〈論總統直選後我國中央政制之演變〉，《文化大學政研所學報》，第5期。

彭錦鵬（2001），〈總統制是可取的制度嗎？〉，《（台大）政治科學論叢》，14期。

劉慶瑞（1959），〈論議會議員的言論不負責權〉，《自由中國》，20卷1期。

鄭明德（2001），〈論我國憲法「前言」的性質與解釋〉，《立法院院聞》。

盧瑞鍾（1995），〈總統制與內閣制優缺點之比較〉，《（台大）政治科學論叢》，6期。

https://www.wikipedia.org/wiki/Georg_Jellinek網址資訊

http://www.worldometers.info/geography/how-many-countries-arethere-in-the-world/

http://www.worldometers.info/world-population/population-by-country/

http://www.wikinland.com/世界前十大國家面積網址資訊

https://zh.wikipedia.org/wiki/各地投票年齡列表。

附　錄

附錄一：中華民國憲法

中華民國35年12月25日國民大會通過
中華民國36年1月1日國民政府公布
中華民國36年12月25日施行

第一章　總綱

第一條（國體）
中華民國基於三民主義，爲民有、民治、民享之民主共和國。

第二條（主權之歸屬）
中華民國之主權屬於國民全體。

第三條（國民）
具有中華民國國籍者，爲中華民國國民。

第四條（領土）
中華民國領土，依其固有之疆域，非經國民大會之決議，不得變更之。

第五條（民族之平等）
中華民國各民族一律平等。

第六條（國旗）
中華民國國旗定爲紅地，左上角青天白日。

第二章　人民之權利義務

第七條（平等權）
中華民國人民，無分男女、宗教、種族、階級、黨派，在法律上一律平等。

第八條（人身自由之保障）
人民身體之自由應予保障，除現行犯之逮捕由法律另定外，非經司法或警察機關依法定程序，不得逮捕拘禁。
非由法院依法定程序，不得審問處罰。非依法定程序之逮捕、拘禁、審問、處罰得拒絕之。
人民因犯罪嫌疑被逮捕拘禁時，其逮捕拘禁機關應將逮捕拘禁原因，以書面告知本人及指定之親友，並至遲於二十四小時內移送該管法院審問。本人或他人

亦得聲請該管法院，於二十四小時內向逮捕之機關提審。

法院對於前項聲請，不得拒絕，並不得先令逮捕拘禁之機關查覆。逮捕拘禁之機關對於法院之提審，不得拒絕或遲延。

人民遭受任何機關非法逮捕拘禁時，其本人或他人得向法院聲請追究，法院不得拒絕，並應於二十四小時內向逮捕拘禁之機關追究，依法處理。

第九條（不受軍事審判之自由）

人民除現役軍人外，不受軍事審判。

第十條（居住遷徙之自由）

人民有居住及遷徙之自由。

第十一條（表現意見之自由）

人民有言論、講學、著作及出版之自由。

第十二條（秘密通訊之自由）

人民有秘密通訊之自由。

第十三條（信仰宗教之自由）

人民有信仰宗教之自由。

第十四條（集會結社之自由）

人民有集會及結社之自由。

第十五條（生存權、工作權及財產權之保障）

人民之生存權、工作權及財產權，應予保障。

第十六條（請願權、訴願權及訴訟權）

人民有請願、訴願及訴訟之權。

第十七條（人民之參政權）

人民有選舉、罷免、創制及複決之權。

第十八條（應考試服公職之權）

人民有應考試、服公職之權。

第十九條（納稅之義務）

人民有依法律納稅之義務。

第二十條（服兵役之義務）

人民有依法律服兵役之義務。

第二十一條（受國民教育之權利義務）

人民有受國民教育之權利與義務。

第二十二條（人民其他權利之保障）

凡人民之其他自由及權利，不妨害社會秩序、公共利益者，均受憲法之保障。

第二十三條（人民自由權利之限制）

以上各條列舉之自由權利，除為防止妨礙他人自由、避免緊急危難、維持社會秩序或增進公共利益所必要者外，不得以法律限制之。

第二十四條（損害人民權利之賠償）

凡公務員違法侵害人民之自由或權利者，除依法律受懲戒外，應負刑事及民事責任。被害人民就其所受損害，並得依法律向國家請求賠償。

第三章　國民大會

第二十五條（國民大會之地位）

國民大會依本憲法之規定，代表全國國民行使政權。

第二十六條（國民大會代表之產生方式）

國民大會以左列代表組織之：
- （一）每縣市及其同等區域各選出代表一人，但其人口逾五十萬人者，每增加五十萬人，增選代表一人。縣市同等區域以法律定之。
- （二）蒙古選出代表，每盟四人，每特別旗一人。
- （三）西藏選出代表，其名額以法律定之。
- （四）各民族在邊疆地區選出代表，其名額以法律定之。
- （五）僑居國外之國民選出代表，其名額以法律定之。
- （六）職業團體選出代表，其名額以法律定之。
- （七）婦女團體選出代表，其名額以法律定之。

第二十七條（國民大會之職權）

國民大會之職權如左：
- （一）選舉總統、副總統。
- （二）罷免總統、副總統。

（三）修改憲法。

（四）複決立法院所提之憲法修正案。

關於創制、複決兩權，除前項第（三）第（四）兩款規定外，俟全國有半數之縣、市曾經行使創制、複決兩項政權時，由國民大會制定辦法並行使之。

第二十八條（國民大會代表之任期）

國民大會代表每六年改選一次。

每屆國民大會代表之任期，至次屆國民大會開會之日爲止。

現任官吏不得於其任所所在地之選舉區當選爲國民大會代表。

第二十九條（國民大會之集會）

國民大會於每屆總統任滿前九十日集會，由總統召集之。

第三十條（國民大會之臨時會）

國民大會遇有左列情形之一時，召集臨時會：

（一）依本憲法第四十九條之規定，應補選總統、副總統時。

（二）依監察院之決議，對於總統、副總統提出彈劾案時。

（三）依立法院之決議，提出憲法修正案時。

（四）國民大會代表五分之二以上請求召集時。

國民大會臨時會，如依前項第一款或第二款應召集時，由立法院院長通告集會。依第三款或第四款應召集時，由總統召集之。

第三十一條（國民大會之開會地點）

國民大會之開會地點，在中央政府所在地。

第三十二條（國民大會代表之言論免責特權）

國民大會代表在會議時所爲之言論及表決，對會外不負責任。

第三十三條（國民大會代表之不逮捕特權）

國民大會代表，除現行犯外，在會期中，非經國民大會許可，不得逮補或拘禁。

第三十四條（關於國民大會之附屬法規）

國民大會之組織，國民大會代表之選舉、罷免、及國民大會行使職權之程序，以法律定之。

第四章　總統

第三十五條（總統之地位）
總統為國家元首，對外代表中華民國。

第三十六條（總統之統帥權）
總統統率全國陸海空軍。

第三十七條
總統依法公布法律，發布命令，須經行政院院長之副署，或行政院院長及有關部會首長之副署。

第三十八條（總統之外交權）
總統依本憲法之規定，行使締結條約及宣戰、媾和之權。

第三十九條（總統之宣布戒嚴權）
總統依法宣布戒嚴，但須經立法院之通過或追認。立法院認為必要時，得決議移請總統解嚴。

第四十條（總統之赦免權）
總統依法行使大赦、特赦、減刑及復權之權。

第四十一條（總統之任免官員權）
總統依法任免文武官員。

第四十二條
總統依法授與榮典。

第四十三條（總統之發布緊急命令權）
國家遇有天然災害、癘疫或國家財政經濟上有重大變故，須為急速處分時，總統於立法院休會期間，得經行政院會議之決議，依緊急命令法，發布緊急命令，為必要之處置，但須於發布命令後一個月內，提交立法院追認，如立法院不同意時，該緊急命令立即失效。

第四十四條（總統之權限爭議處理權）
總統對於院與院間之爭執，除本憲法有規定者外，得召集有關各院院長會商解決之。

第四十五條（總統副總統之被選資格）
中華民國國民年滿四十歲者，得被選爲總統、副總統。

第四十六條（總統副總統之選舉方法）
總統、副總統之選舉，以法律定之。

第四十七條（總統副總統之任期與連任）
總統、副總統之任期爲六年，連選得連任一次。

第四十八條（總統就職之宣誓）
總統應於就職時宣誓，誓詞如左：
「余謹以至誠，向全國人民宣誓，余必遵守憲法，盡忠職務，增進人民福利，
保衛國家，無負國民付託。如違誓言，願受國家嚴厲之制裁。謹誓。」

第四十九條（總統缺位時之繼任）
總統缺位時，由副總統繼任，至總統任期屆滿爲止。總統、副總統均缺位時，
由行政院院長代行其職權，並依本憲法第三十條之規定，召集國民大會臨時
會，補選總統、副總統，其任期以補足原任總統未滿之任期爲止。總統因故不
能視事時，由副總統代行其職權。
總統、副總統均不能視事時，由行政院院長代行其職權。

第五十條（總統解職時之代行職權）
總統於任滿之日解職，如屆期次任總統尚未選出，或選出後總統、副總統均未
就職時，由行政院院長代行總統職權。

第五十一條（行政院長代行總統職權之期限）
行政院院長代行總統職權時，其期限不得逾三個月。

第五十二條（總統之刑事豁免權）
總統除犯內亂或外患罪外，非經罷免或解職，不受刑事上之訴究。

第五章　行政

第五十三條（行政院之地位）
行政院爲國家最高行政機關。

第五十四條（行政院之主要人員）
行政院設院長、副院長各一人，各部會首長若干人，及不管部會之政務委員若

干人。

第五十五條（行政院院長之任命）

行政院院長，由總統提名，經立法院同意任命之。

立法院休會期間，行政院院長辭職或出缺時，由行政院副院長代理其職務，但總統須於四十日內咨請立法院召集會議，提出行政院院長人選，徵求同意，行政院院長職務，在總統所提行政院院長人選未經立法院同意前，由行政院副院長暫行代理。

第五十六條（行政院副院長及各部會首長之任命）

行政院副院長、各部會首長及不管部會之政務委員，由行政院院長提請總統任命之。

第五十七條（行政院與立法院之主要關係）

行政院依左列規定，對立法院負責：

（一）行政院有向立法院提出施政方針及施政報告之責。

立法委員在開會時，有向行政院院長及行政院各部會首長質詢之權。

（二）立法院對於行政院之重要政策不贊同時，得以決議移請行政院變更之。行政院對於立法院之決議，得經總統之核可，移請立法院覆議。覆議時，如經出席立法委員三分之二維持原決議，行政院院長應即接受該決議或辭職。

（三）行政院對於立法院決議之法律案、預算案、條約案，如認為有窒礙難行時，得經總統之核可，於該決議案送達行政院十日內，移請立法院覆議。覆議時，如經出席立法委員三分之二維持原案，行政院院長應即接受該決議或辭職。

第五十八條（行政院會議之組織及其職權）

行政院設行政院會議，由行政院院長、副院長、各部會首長及不管部會之政務委員組織之，以院長為主席。行政院院長、各部會首長，須將應行提出於立法院之法律案、預算案、戒嚴案、大赦案、宣戰案、媾和案、條約案及其他重要事項，或涉及各部會共同關係之事項，提出於行政院會議議決之。

第五十九條（行政院提出預算案之期間）

行政院於會計年度開始三個月前，應將下年度預算案提出於立法院。

第六十條（行政院提出決算之期間）

行政院於會計年度結束後四個月內，應提出決算於監察院。

第六十一條（關於行政院組織之授權規定）

行政院之組織，以法律定之。

第六章　立法

第六十二條（立法院之地位）

立法院為國家最高立法機關，由人民選舉之立法委員組織之，代表人民行使立法權。

第六十三條（立法院之職權）

立法院有議決法律案、預算案、戒嚴案、大赦案、宣戰案、媾和案、條約案及國家其他重要事項之權。

第六十四條（立法委員之產生方式）

立法院立法委員依左列規定選出之：

（一）各省、各直轄市選出者，其人口在三百萬以下者五人，其人口超過三百萬者，每滿一百萬人增選一人。

（二）蒙古各盟旗選出者。

（三）西藏選出者。

（四）各民族在邊疆地區選出者。

（五）僑居國外之國民選出者。

（六）職業團體選出者。

立法委員之選舉及前項第二款至第六款立法委員名額之分配，以法律定之。婦女在第一項各款之名額，以法律定之。

第六十五條（立法委員之任期）

立法委員之任期為三年，連選得連任，其選舉於每屆任滿前三個月內完成之。

第六十六條（立法院正副院長之產生）

立法院設院長、副院長各一人，由立法委員互選之。

第六十七條（立法院之委員會）

立法院得設各種委員會。

各種委員會得邀請政府人員及社會上有關係人員到會備詢。

第六十八條（立法院之會期）

立法院會期，每年兩次，自行集會，第一次自二月至五月底，第二次自九月至十二月底，必要時得延長之。

第六十九條（立法院之臨時會）

立法院遇有左列情事之一時，得開臨時會：

（一）總統之咨請。

（二）立法委員四分之一以上之請求。

第七十條（立法院對預算案所爲提議之限制）

立法院對於行政院所提預算案，不得爲增加支出之提議。

第七十一條（立法院開會時之列席人員）

立法院開會時，關係院院長及各部會首長得列席陳述意見。

第七十二條（法律案公布之期限）

立法院法律案通過後，移送總統及行政院，總統應於收到後十日內公布之，但總統得依照本憲法第五十七條之規定辦理。

第七十三條（立法委員之言論免責特權）

立法委員在院內所爲之言論及表決，對院外不負責任。

第七十四條（立法委員之不逮捕特權）

立法委員，除現行犯外，非經立法院許可，不得逮捕或拘禁。

第七十五條（立法委員不得兼任官吏）

立法委員不得兼任官吏。

第七十六條（關於立法院組織之授權規定）

立法院之組織，以法律定之。

第七章　司法

第七十七條（司法院之地位及職權）

司法院爲國家最高司法機關，掌理民事、刑事、行政訴訟之審判，及公務員之懲戒。

第七十八條（司法院解釋憲法及統一解釋法令之權）

司法院解釋憲法，並有統一解釋法律及命令之權。

第七十九條（司法院之主要人員）
司法院設院長、副院長各一人，由總統提名，經監察院同意任命之。
司法院設大法官若干人，掌理本憲法第七十八條規定事項，由總統提名，經監察院同意任命之。

第八十條（法官之地位）
法官須超出黨派以外，依據法律獨立審判，不受任何干涉。

第八十一條（法官身分之保障）
法官為終身職。非受刑事或懲戒處分或禁治產之宣告，不得免職，非依法律，不得停職、轉任或減俸。

第八十二條（關於司法院組織之授權規定）
司法院及各級法院之組織，以法律定之。

第八章　考試

第八十三條（考試院之地位及職權）
考試院為國家最高考試機關，掌理考試、任用、銓敘、考績、級俸、陞遷、保障、褒獎、撫卹、退休、養老等事項。

第八十四條（考試院之主要人員）
考試院設院長、副院長各一人，考試委員若干人，由總統提名，經監察院同意任命之。

第八十五條（選拔公務人員之方法）
公務人員之選拔，應實行公開競爭之考試制度，並應按省區分別規定名額，分區舉行考試，非經考試及格者，不得任用。

第八十六條（應經考試院依法考選銓定之資格）
左列資格，應經考試院依法考選銓定之：
（一）公務人員任用資格。
（二）專門職業及技術人員執業資格。

第八十七條（考試院提出法律案之權）
考試院關於所掌事項，得向立法院提出法律案。

第八十八條（考試委員之地位）
考試委員須超出黨派以外，依據法律獨立行使職權。

第八十九條（關於考試院組織之授權規定）
考試院之組織，以法律定之。

第九章　監察

第九十條（監察院之地位及職權）
監察院為國家最高監察機關，行使同意、彈劾、糾舉及審計權。

第九十一條（監察委員之產生方式）
監察院設監察委員，由各省市議會、蒙古西藏地方議會及華僑團體選舉之。其名額分配，依左列之規定：
（一）每省五人。
（二）每直轄市二人。
（三）蒙古各盟旗共八人。
（四）西藏八人。
（五）僑居國外之國民八人。

第九十二條（監察院正副院長之產生）
監察院設院長、副院長各一人，由監察委員互選之。

第九十三條（監察委員之任期）
監察委員之任期為六年，連選得連任。

第九十四條（監察院同意權之行使）
監察院依本憲法行使同意權時，由出席委員過半數之議決行之。

第九十五條（監察院之調查權）
監察院為行使監察權，得向行政院及其各部會調閱其所發布之命令及各種有關文件。

第九十六條（監察院之委員會）
監察院得按行政院及其各部會之工作，分設若干委員會，調查一切設施，注意其是否違法或失職。

第九十七條（監察院之糾正權、糾舉權與彈劾權）
監察院經各該委員會之審查及決議，得提出糾正案，移送行政院及其有關部會，促其注意改善。
監察院對於中央及地方公務人員，認爲有失職或違法情事，得提出糾舉案或彈劾案，如涉及刑事，應移送法院辦理。

第九十八條（監察院彈劾公務人員之程序）
監察院對於中央及地方公務人員之彈劾案，須經監察委員一人以上之提議，九人以上之審查及決定，始得提出。

第九十九條（監察院彈劾司法院、考試院人員之程序）
監察院對於司法院或考試院人員失職或違法之彈劾，適用本憲法第九十五條、第九十七條及第九十八條之規定。

第一百條（監察院彈劾總統、副總統之程序）
監察院對於總統、副總統之彈劾案，須有全體監察委員四分之一以上之提議，全體監察委員過半數之審查及決議，向國民大會提出之。

第一百零一條（監察委員之言論免責特權）
監察委員在院內所爲之言論及表決，對院外不負責任。

第一百零二條（監察委員之不逮捕特權）
監察委員，除現行犯外，非經監察院許可，不得逮捕或拘禁。

第一百零三條（監察委員兼職之限制）
監察委員不得兼任其他公職或執行業務。

第一百零四條（審計長之設置）
監察院設審計長，由總統提名，經立法院同意任命之。

第一百零五條（決算之審核及報告）
審計長應於行政院提出決算後三個月內，依法完成其審核，並提出審核報告於立法院。

第一百零六條（關於監察院組織之授權規定）
監察院之組織，以法律定之。

第十章　中央與地方之權限

第一百零七條（中央立法並執行之事項）

左列事項，由中央立法並執行之：

(一) 外交。

(二) 國防與國防軍事。

(三) 國籍法及刑事、民事、商事之法律。

(四) 司法制度。

(五) 航空、國道、國有鐵路、航政、郵政及電政。

(六) 中央財政與國稅。

(七) 國稅與省稅、縣稅之劃分。

(八) 國營經濟事業。

(九) 幣制及國家銀行

(十) 度量衡。

(十一) 國際貿易政策。

(十二) 涉外之財政經濟事項。

(十三) 其他依本憲法所定關於中央之事項。

第一百零八條（中央立法並執行或由省縣執行之事項）

左列事項，由中央立法並執行，或交由省縣執行之：

(一) 省縣自治通則。

(二) 行政區劃。

(三) 森林、工礦及商業。

(四) 教育制度。

(五) 銀行及交易所制度。

(六) 航業及海洋漁業。

(七) 公用事業。

(八) 合作事業。

(九) 二省以上之水陸交通運輸。

(十) 二省以上之水利、河道及農牧事業。

(十一) 中央及地方官吏之銓敘、任用、糾察及保障。

(十二) 土地法。

(十三) 勞動法及其他社會立法。

（十四）公用徵收。
（十五）全國戶口調查及統計。
（十六）移民及墾殖。
（十七）**警察制度**。
（十八）公共衛生。
（十九）賑濟、撫卹及失業救濟。
（二十）有關文化之古籍、古物及古蹟之保存。
前項各款，省於不牴觸國家法律內，得制定單行法規。

第一百零九條（省立法並執行或交由縣執行之事項）
左列事項，由省立法並執行之，或交由縣執行之
（一）省教育、衛生、實業及交通。
（二）省財產之經營及處分。
（三）省市政。
（四）省公營事業。
（五）省合作事業。
（六）省農林、水利、漁牧及工程。
（七）省財政及省稅。
（八）省債。
（九）省銀行。
（十）省**警政之實施**。
（十一）省慈善及公益事項。
（十二）其他依國家法律賦予之事項。
前項各款，有涉及二省以上者，除法律別有規定外，得由有關各省共同辦理。
各省辦理第一項各款事務，其經費不足時，經立法院議決，由國庫補助之。

第一百十條（縣立法並執行之事項）
左列事項，由縣立法並執行之：
（一）縣教育、衛生、實業及交通。
（二）縣財產之經營及處分。
（三）縣公營事業。
（四）縣合作事業。
（五）縣農林、水利、漁牧及工程。
（六）縣財政及縣稅。

（七）縣債。

（八）縣銀行。

（九）縣警衛之實施。

（十）縣慈善及公益事業。

（十一）其他依國家法律及省自治法賦予之事項。

前項各款，有涉及二縣以上者，除法律別有規定外，得由有關各縣共同辦理。

第一百十一條（剩餘權之歸屬）

除第一百零七條、第一百零八條、第一百零九條及第一百十條列舉事項外，如有未列舉事項發生時，其事務有全國一致之性質者屬於中央，有全省一致之性質者屬於省，有一縣之性質者屬於縣，遇有爭議時，由立法院解決之。

第十一章　地方制度

第一節　省

第一百十二條（省民代表大會之召集與省自治法之制定）

省得召集省民代表大會，依據省縣自治通則，制定省自治法，但不得與憲法抵觸。省民代表大會之組織及選舉，以法律定之。

第一百十三條（省自治法之內容）

省自治法應包含左列各款：

（一）省設省議會，省議會議員由省民選舉之。

（二）省設省政府，置省長一人，省長由省民選舉之。

（三）省與縣之關係。

屬於省之立法權，由省議會行之。

第一百十四條（省自治法之審查）

省自治法制定後，須即送司法院。司法院如認為有違憲之處，應將違憲條文宣布無效。

第一百十五條（省自治法發生重大障礙之解決）

省自治法施行中，如因其中某條發生重大障礙，經司法院召集有關方面陳述意見後，由行政院院長、立法院院長、司法院院長、考試院院長與監察院院長組織委員會，以司法院院長為主席，提出方案解決之。

第一百十六條（省法規與國家法律牴觸之結果）
省法規與國家法律牴觸者無效。

第一百十七條（省法規與國家法律有無牴觸之解釋）
省法規與國家法律有無牴觸發生疑義時，由司法院解釋之。

第一百十八條（直轄市之自治制度）
直轄市之自治，以法律定之。

第一百十九條（蒙古各盟旗之自治制度）
蒙古各盟旗地方自治制度，以法律定之。

第一百二十條（西藏之自治制度）
西藏自治制度，應予以保障。

第二節　縣
第一百二十一條（縣自治）
縣實行縣自治。

第一百二十二條（縣民代表大會之召集與縣自治法之制定）
縣得召集縣民代表大會，依據省縣自治通則，制定縣自治法，但不得與憲法及
省自治法牴觸。

第一百二十三條（縣民之行使參政權）
縣民關於縣自治事項，依法律行使創制、複決之權，對於縣長及其他縣自治人
員，依法律行使選舉、罷免之權。

第一百二十四條（縣議會之組成與職權）
縣設縣議會，縣議會議員由縣民選舉之。
屬於縣之立法權，由縣議會行之。

第一百二十五條（縣單行規章與國家法律等牴觸之結果）
縣單行規章，與國家法律或省法規牴觸者無效。

第一百二十六條（縣長之設置）
縣設縣政府，置縣長一人。縣長由縣民選舉之。

第一百二十七條（縣長之職權）
縣長辦理縣自治，並執行中央及省委辦事項。

第一百二十八條（市準用縣之規定）
市準用縣之規定。

第十二章　選舉、罷免、創制、複決

第一百二十九條（行使選舉權之方法）
本憲法所規定之各種選舉，除本憲法別有規定外，以普通、平等、直接及無記名投票之方法行之。

第一百三十條（行使選舉權之　齡）
中華民國國民年滿二十歲者，有依法選舉之權。除本憲法及法律別有規定者外，年滿二十三歲者，有依法被選舉之權。

第一百三十一條（公開競選之原則）
本憲法所規定各種選舉之候選人，一律公開競選。

第一百三十二條（選舉公正之維護）
選舉應嚴禁威脅利誘。選舉訴訟，由法院審判之。

第一百三十三條（罷免權之行使）
被選舉人得由原選舉區依法罷免之。

第一百三十四條（婦女當選名額之保障）
各種選舉，應規定婦女當選名額，其辦法以法律定之。

第一百三十五條（內地生活習慣特殊之國民代表名額及選舉）
內地生活習慣特殊之國民代表名額及選舉，其辦法以法律定之。

第一百三十六條（創制複決權之行使）
創制複決兩權之行使，以法律定之。

第十三章　基本國策

第一節　國防

第一百三十七條（國防之目的）
中華民國之國防，以保衛國家安全，維護世界和平為目的。
國防之組織，以法律定之。

第一百三十八條（海空軍之任務）

全國陸海空軍，須超出個人、地域及黨派關係以外，效忠國家，愛護人民。

第一百三十九條（軍隊國家化）

任何黨派及個人不得以武裝力量為政爭之工具。

第一百四十條（文武分治）

現役軍人不得兼任文官。

第二節　外交

第一百四十一條（外交之基本原則與目的）

中華民國之外交，應本獨立自主之精神，平等互惠之原則，敦睦邦交，尊重條約及聯合國憲章，以保護僑民權益，促進國際合作，提倡國際正義，確保世界和平。

第三節　國民經濟

第一百四十二條（國民經濟之基本原則）

國民經濟應以民生主義為基本原則，實施平均地權，節制資本，以謀國計民生之均足。

第一百四十三條（土地政策）

中華民國領土內之土地屬於國民全體。人民依法取得之土地所有權，應受法律之保障與限制。私有土地應照價納稅，政府並得照價收買。

附著於土地之礦及經濟上可供公眾利用之天然力，屬於國家所有，不因人民取得土地所有權而受影響。土地價值非因施以勞力資本而增加者，應由國家徵收土地增值稅，歸人民共享之。

國家對於土地之分配與整理，應以扶植自耕農及自行使用土地人為原則，並規定其適當經營之面積。

第一百四十四條（發展國家資本）

公用事業及其他有獨佔性之企業，以公營為原則。其經法律許可者，得由國民經營之。

第一百四十五條（節制私人資本）

國家對於私人財富及私營事業，認為有妨害國計民生之平衡發展者，應以法律限制之。合作事業應受國家之獎勵與扶助。

國民生產事業及對外貿易，應受國家之獎勵、指導及保護。

第一百四十六條（農業建設之政策）
國家應運用科學技術，以興修水利，增進地力，改善農業環境，規劃土地利用，開發農業資源，促成農業之工業化。

第一百四十七條（省縣經濟平衡發展之政策）
中央為謀省與省間之經濟平衡發展，對於貧瘠之省，應酌予補助。
省為謀縣與縣間之經濟平衡發展，對於貧瘠之縣，應酌予補助。

第一百四十八條（貨暢其流）
中華民國領域內，一切貨物應許自由流通。

第一百四十九條（金融機構之管理）
金融機構，應依法受國家之管理。

第一百五十條（普設平民金融機）
國家應普設平民金融機構，以救濟失業。

第一百五十一條（華僑經濟事業之保護）
國家對於僑居國外之國民，應扶助並保護其經濟事業之發展。

第四節　社會安全

第一百五十二條（促使人民之充分就業）
人民具有工作能力者，國家應予以適當之工作機會。

第一百五十三條（勞工及農民之保護）
國家為改良勞工及農民之生活，增進其生產技能，應制定保護勞工及農民之法律，實施保護勞工及農民之政策。
婦女兒童從事勞動者，應按其年齡及身體狀態，予以特別之保護。

第一百五十四條（勞資關係及其糾紛之處理）
勞資雙方應本協調合作原則，發展生產事業。勞資糾紛之調解與仲裁，以法律定之。

第一百五十五條（社會保險及社會救濟之實施）
國家為謀社會福利，應實施社會保險制度。人民之老弱殘廢，無力生活，及受非常災害者，國家應予以適當之扶助與救濟。

第一百五十六條（婦女兒童福利政策之實施）
國家爲奠定民族生存發展之基礎，應保護母性，並實施婦女、兒童福利政策。

第一百五十七條（衛生保健事業及公醫制度之推行）
國家爲增進民族健康，應普遍推行衛生保健事業及公醫制度。

第五節　教育文化
第一百五十八條（教育文化之目標）
教育文化，應發展國民之民族精神，自治精神，國民道德，健全體格、科學及生活智能。

第一百五十九條（受教育機會之平等）
國民受教育之機會，一律平等。

第一百六十條（基本教育及補習教育）
六歲至十二歲之學齡兒童，一律受基本教育，免納學費。其貧苦者，由政府供給書籍。
已逾學齡未受基本教育之國民，一律受補習教育，免納學費，其書籍亦由政府供給。

第一百六十一條（獎學金之設置）
各級政府應廣設獎學金名額，以扶助學行俱優無力升學之學生。

第一百六十二條（教育文化機關之監督）
全國公私立之教育文化機關，依法律受國家之監督。

第一百六十三條（各地區教育之均衡發展）
國家應注重各地區教育之均衡發展，並推行社會教育，以提高一般國民之文化水準，邊遠及貧瘠地區之教育文化經費，由國庫補助之。
其重要之教育文化事業，得由中央辦理或補助之。

第一百六十四條（教育科學文化經費之比例在各級預算上應占之比例）
教育、科學、文化之經費，在中央不得少於其預算總額百分之十五，在省不得少於其預算總額百分之二十五，在市、縣不得少於其預算總額百分之三十五，其依法設置之教育文化基金及產業，應予以保障。

第一百六十五條（教育科學藝術工作者生活之保障）
國家應保障教育、科學、藝術工作者之生活，並依國民經濟之進展，隨時提高

其待遇。

第一百六十六條（科學發明與創造之獎勵及古蹟古物之保護）
國家應獎勵科學之發明與創造，並保護有關歷史、文化、藝術之古蹟、古物。

第一百六十七條（對於教育事業及從事教育者之鼓勵）
國家對於左列事業或個人，予以獎勵或補助：
（一）國內私人經營之教育事業成績優良者。
（二）僑居國外國民之教育事業成績優良者。
（三）於學術或技術有發明者。
（四）從事教育久於其職而成績優良者。

第六節　邊疆地區

第一百六十八條（邊疆民族地位之保障）
國家對於邊疆地區各民族之地位，應予以合法之保障，並於其地方自治事業，特別予以扶植。

第一百六十九條（邊疆地區教育文化等事業之積極舉辦）
國家對於邊疆地區各民族之教育、文化、交通、水利、衛生及其他經濟、社會事業應積極舉辦，並扶助其發展，對於土地使用，應依其氣候、土壤性質，及人民生活習慣之所宜，予以保障及發展。

第十四章　憲法之施行及修改

第一百七十條（本憲法所稱法律之定義）
本憲法所稱之法律，謂經立法院通過，總統公布之法律。

第一百七十一條（法律不能牴觸憲法）
法律與憲法牴觸者無效。
法律與憲法有無牴觸發生疑義時，由司法院解釋之。

第一百七十二條（命令不能牴觸憲法或法律）
命令與憲法或法律牴觸者無效。

第一百七十三條（解釋憲法之機關）
憲法之解釋，由司法院為之。

第一百七十四條（修改憲法之程序）

憲法之修改，應依左列程序之一爲之：

（一）由國民大會代表總額五分之一之提議，三分之二之出席，及出席代表四
　　　分之三之決議，得修改之。

（二）由立法院立法委員四分之一之提議，四分之三之出席，及出席委員四分
　　　之三之決議，擬定憲法修正案，提請國民大會複決。

此項憲法修正案，應於國民大會開會前半年公告之。

第一百七十五條（憲法之實施）

本憲法規定事項，有另定實施程序之必要者，以法律定之。

本憲法施行之準備程序，由制定憲法之國民大會議定之。

附錄二：動員戡亂時期臨時條款

民國37年5月10日公布
民國80年5月1日總統令公布廢止

第一條
總統在動員戡亂時期，為避免國家或人民遭遇緊急危難，或應付財政經濟上重大變故，得經行政院會議之決議，為緊急處分，不受憲法第三十九條或第四十三條所規定程序之限制。

第二條
前項緊急處分，立法院得依憲法第五十七條第二款規定之程序變更或廢止之。

第三條
動員戡亂時期，總統副總統得連選連任，不受憲法第四十七條連任一次之限制。

第四條
動員戡亂時期本憲政體制授權總統得設置動員戡亂機構，決定動員戡亂有關大政方針，並處理戰地政務。

第五條
總統為適應動員戡亂需要，得調整中央政府之行政機構、人事機構及其組織。

第六條
動員戡亂時期，總統得依下列規定，訂頒辦法充實中央民意代表機構，不受憲法第二十六條、第六十四條及第九十一條之限制：
（一）在自由地區增加中央民意代表名額，定期選舉，其須由僑居國外國民選出之立法委員及監察委員，事實上不能辦理選舉者，得由總統訂定辦法遴選之。
（二）第一屆中央民意代表，係經全國人民選舉所產生，依法行使職權，其增選、補選者亦同。大陸光復地區次第辦理中央民意代表之選舉。
（三）增加名額選出之中央民意代表，與第一屆中央民意代表，依法行使職權。增加名額選出之國民大會代表，每六年改選，立法委員每三年改選，監察委員每六年改選。

第七條

動員戡亂時期，國民大會得制定辦法，創制中央法律原則與複決中央法律，不受憲法第二十七條第二項之限制。

第八條

在戡亂時期，總統對於創制案或複決案認爲有必要時，得召集國民大會臨時會討論之。

第九條

國民大會於閉會期間，設置研究機構，研討憲政有關問題。

第十條

動員戡亂時期之終止，由總統宣告之。

第十一條

臨時條款之修訂或廢止，由國民大會決定之。

附錄三：中華民國憲法增修條文

民國94年6月10日總統令修正公布增訂

第一條

中華民國自由地區選舉人於立法院提出憲法修正案、領土變更案，經公告半年，應於三個月內投票複決，不適用憲法第四條、第一百七十四條之規定。

憲法第二十五條至第三十四條及第一百三十五條之規定，停止適用。

第二條

總統、副總統由中華民國自由地區全體人民直接選舉之，自中華民國八十五年第九任總統、副總統選舉實施。總統、副總統候選人應聯名登記，在選票上同列一組圈選，以得票最多之一組為當選。在國外之中華民國自由地區人民返國行使選舉權，以法律定之。

總統發布行政院院長與依憲法經立法院同意任命人員之任免命令及解散立法院之命令，無須行政院院長之副署，不適用憲法第三十七條之規定。總統為避免國家或人民遭遇緊急危難或應付財政經濟上重大變故，得經行政院會議之決議發布緊急命令，為必要之處置，不受憲法第四十三條之限制。但須於發布命令後十日內提交立法院追認，如立法院不同意時，該緊急命令立即失效。總統為決定國家安全有關大政方針，得設國家安全會議及所屬國家安全局，其組織以法律定之。總統於立法院通過對行政院院長之不信任案後十日內，經諮詢立法院院長後，得宣告解散立法院。但總統於戒嚴或緊急命令生效期間，不得解散立法院。立法院解散後，應於六十日內舉行立法委員選舉，並於選舉結果確認後十日內自行集會，其任期重新起算。總統、副總統之任期為四年，連選得連任一次，不適用憲法第四十七條之規定。副總統缺位時，總統應於三個月內提名候選人，由立法院補選，繼任至原任期屆滿為止。總統、副總統均缺位時，由行政院院長代行其職權，並依本條第一項規定補選總統、副總統，繼任至原任期屆滿為止，不適用憲法第四十九條之有關規定。總統、副總統之罷免案，須經全體立法委員四分之一之提議，全體立法委員三分之二之同意後提出，並經中華民國自由地區選舉人總額過半數之投票，有效票過半數同意罷免時，即為通過。立法院提出總統、副總統彈劾案，聲請司法院大法官審理，經憲法法庭判決成立時，被彈劾人應即解職。

第三條

行政院院長由總統任命之。行政院院長辭職或出缺時,在總統未任命行政院院長前,由行政院副院長暫行代理。憲法第五十五條之規定,停止適用。行政院依左列規定,對立法院負責,憲法第五十七條之規定,停止適用:

(一) 行政院有向立法院提出施政方針及施政報告之責。立法委員在開會時,有向行政院院長及行政院各部會首長質詢之權。

(二) 行政院對於立法院決議之法律案、預算案、條約案,如認為有窒礙難行時,得經總統之核可,於該決議案送達行政院十日內,移請立法院覆議。立法院對於行政院移請覆議案,應於送達十五日內作成決議。如為休會期間,立法院應於七日內自行集會,並於開議十五日內作成決議。覆議案逾期未議決者,原決議失效。覆議時,如經全體立法委員二分之一以上決議維持原案,行政院院長應即接受該決議。

(三) 立法院得經全體立法委員三分之一以上連署,對行政院院長提出不信任案。不信任案提出七十二小時後,應於四十八小時內以記名投票表決之。如經全體立法委員二分之一以上贊成,行政院院長應於十日內提出辭職,並得同時呈請總統解散立法院;不信任案如未獲通過,一年內不得對同一行政院院長再提不信任案。國家機關之職權、設立程序及總員額,得以法律為準則性之規定。各機關之組織、編制及員額,應依前項法律,基於政策或業務需要決定之。

第四條

立法院立法委員自第七屆起一百一十三人,任期四年,連選得連任,於每屆任滿前三個月內,依左列規定選出之,不受憲法第六十四條及第六十五條之限制:

(一) 自由地區直轄市、縣市七十三人。每縣市至少一人。

(二) 自由地區平地原住民及山地原住民各三人。

(三) 全國不分區及僑居國外國民共三十四人。

前項第一款依各直轄市、縣市人口比例分配,並按應選名額劃分同額選舉區選出之。第三款依政黨名單投票選舉之,由獲得百分之五以上政黨選舉票之政黨依得票比率選出之,各政黨當選名單中,婦女不得低於二分之一。

立法院於每年集會時,得聽取總統國情報告。

立法院經總統解散後,在新選出之立法委員就職前,視同休會。

中華民國領土,依其固有疆域,非經全體立法委員四分之一之提議,全體立法

委員四分之三之出席，及出席委員四分之三之決議，提出領土變更案，並於公告半年後，經中華民國自由地區選舉人投票複決，有效同意票過選舉人總額之半數，不得變更之。總統於立法院解散後發布緊急命令，立法院應於三日內自行集會，並於開議七日內追認之。但於新任立法委員選舉投票日後發布者，應由新任立法委員於就職後追認之。如立法院不同意時，該緊急命令立即失效。立法院對於總統、副總統之彈劾案，須經全體立法委員二分之一以上之提議，全體立法委員三分之二以上之決議，聲請司法院大法官審理，不適用憲法第九十條、第一百條及增修條文第七條第一項有關規定。立法委員除現行犯外，在會期中，非經立法院許可，不得逮捕或拘禁。憲法第七十四條之規定，停止適用。

第五條

司法院設大法官十五人，並以其中一人爲院長、一人爲副院長，由總統提名，經立法院同意任命之，自中華民國九十二年起實施，不適用憲法第七十九條之規定。司法院大法官除法官轉任者外，不適用憲法第八十一條及有關法官終身職待遇之規定。司法院大法官任期八年，不分屆次，個別計算，並不得連任。但並爲院長、副院長之大法官，不受任期之保障。中華民國九十二年總統提名之大法官，其中八位大法官，含院長、副院長，任期四年，其餘大法官任期爲八年，不適用前項任期之規定。司法院大法官，除依憲法第七十八條之規定外，並組成憲法法庭審理總統、副總統之彈劾及政黨違憲之解散事項。政黨之目的或其行爲，危害中華民國之存在或自由民主之憲政秩序者爲違憲。司法院所提出之年度司法概算，行政院不得刪減，但得加註意見，編入中央政府總預算案，送立法院審議。

第六條

考試院爲國家最高考試機關，掌理左列事項，不適用憲法第八十三條之規定：

（一）考試。

（二）公務人員之銓敘、保障、撫卹、退休。

（三）公務人員任免、考績、級俸、陞遷、褒獎之法制事項。

考試院設院長、副院長各一人，考試委員若干人，由總統提名，經立法院同意任命之，不適用憲法第八十四條之規定。憲法第八十五條有關按省區分別規定名額，分區舉行考試之規定，停止適用。

第七條

監察院爲國家最高監察機關，行使彈劾、糾舉及審計權，不適用憲法第九十條及第九十四條有關同意權之規定。監察院設監察委員二十九人，並以其中一人爲院長、一人爲副院長，任期六年，由總統提名，經立法院同意任命之。憲法第九十一條至第九十三條之規定停止適用。監察院對於中央、地方公務人員及司法院、考試院人員之彈劾案，須經監察委員二人以上之提議，九人以上之審查及決定，始得提出，不受憲法第九十八條之限制。監察院對於監察院人員失職或違法之彈劾，適用憲法第九十五條、第九十七條第二項及前項之規定。監察委員須超出黨派以外，依據法律獨立行使職權。

憲法第一百零一條及第一百零二條之規定，停止適用。

第八條

立法委員之報酬或待遇，應以法律定之。除年度通案調整者外，單獨增加報酬或待遇之規定，應自次屆起實施。

第九條

省、縣地方制度，應包括左列各款，以法律定之，不受憲法第一百零八條第一項第一款、第一百零九條、第一百十二條至第一百十五條及第一百二十二條之限制：

（一）省設省政府，置委員九人，其中一人爲主席，均由行政院院長提請總統任命之。

（二）省設省諮議會，置省諮議會議員若干人，由行政院院長提請總統任命之。

（三）縣設縣議會，縣議會議員由縣民選舉之。

（四）屬於縣之立法權，由縣議會行之。

（五）縣設縣政府，置縣長一人，由縣民選舉之。

（六）中央與省、縣之關係。

（七）省承行政院之命，監督縣自治事項。

台灣省政府之功能、業務與組織之調整，得以法律爲特別之規定。

第十條

國家應獎勵科學技術發展及投資，促進產業升級，推動農漁業現代化，重視水資源之開發利用，加強國際經濟合作。經濟及科學技術發展，應與環境及生態保護兼籌並顧。國家對於人民興辦之中小型經濟事業，應扶助並保護其生存與

發展。國家對於公營金融機構之管理,應本企業化經營之原則;其管理、人事、預算、決算及審計,得以法律為特別之規定。國家應推行全民健康保險,並促進現代和傳統醫藥之研究發展。國家應維護婦女之人格尊嚴,保障婦女之人身安全,消除性別歧視,促進兩性地位之實質平等。國家對於身心障礙者之保險與就醫、無障礙環境之建構、教育訓練與就業輔導及生活維護與救助,應予保障,並扶助其自立與發展。國家應重視社會救助、福利服務、國民就業、社會保險及醫療保健等社會福利工作,對於社會救助和國民就業等救濟性支出應優先編列。國家應尊重軍人對社會之貢獻,並對其退役後之就學、就業、就醫、就養予以保障。教育、科學、文化之經費,尤其國民教育之經費應優先編列,不受憲法第一百六十四條規定之限制。國家肯定多元文化,並積極維護發展原住民族語言及文化。國家應依民族意願,保障原住民族之地位及政治參與,並對其教育文化、交通水利、衛生醫療、經濟土地及社會福利事業予以保障扶助並促其發展,其辦法另以法律定之。對於澎湖、金門及馬祖地區人民亦同。國家對於僑居國外國民之政治參與,應予保障。

第十一條
自由地區與大陸地區間人民權利義務關係及其他事務之處理,得以法律為特別之規定。

第十二條
憲法之修改,須經立法院立法委員四分之一之提議,四分之三之出席,及出席委員四分之三之決議,提出憲法修正案,並於公告半年後,經中華民國自由地區選舉人投票複決,有效同意票過選舉人總額之半數,即通過之,不適用憲法第一百七十四條之規定。

附錄四：法國人權與公民權宣言〔人權宣言〕

公元1789年8月26日頒布

法蘭西王國波旁王朝制憲國民會議通過

組成國民會議的法蘭西人民的代表們，相信對於人權的無知、忽視與輕蔑乃是公共災禍與政府腐化的唯一原因，乃決定在一個莊嚴的宣言裡面，闡明人類自然的、不可讓渡的與神聖的權利，以便這個永遠呈現於社會所有成員之前的宣言，能不斷地向他們提醒他們的權利與義務；以便立法權與行政權的行動，因能隨時與所有政治制度的目標兩相比較，從而更加受到尊重；以便公民們今後根據簡單的而無可爭辯的原則提出的各項要求，能恆久地導向憲法的維護並有助於人類全體的幸福。因此，國民會議在上帝之前及其庇護下，承認並且宣佈如下的人權與公民權：

第一條

在權利方面，人類是與生俱來而且始終是自由與平等的。社會的差異只能基於共同的福祉而存在。

第二條

一切政治結社的目的都在於維護人類自然的和不可動搖的權利。這些權利是自由、財產、安全與反抗壓迫。

第三條

整個主權的本原根本上乃寄託於國民。任何團體或任何個人皆不得行使國民所未明白授與的權力。

第四條

自由就是指有權從事一切無害於他人的行為；因此，每一個人自然權利的行使，只以保證社會上其他成員能享有相同的權利為限制。此等限制只能以法律決定之。

第五條

法律僅能禁止有害於社會的行為。凡未經法律禁止的行為即不得受到妨礙，而且任何人都不得被強制去從事法律所未規定的行為。

第六條

法律是普遍意志的表達。每一個公民皆有權個別地或透過他們的代表去參與法

律的制訂。法律對於所有的人，無論是施行保護或是懲罰都是一樣的。在法律的眼裡一律平等的所有公民，除了他們的德行和才能上的區別之外，皆能按照他們的能力，平等地取得擔任一切官職、公共職位與職務的資格。

第七條

除非在法律所規定情況下並按照法律所指示的程序，任何人均不受控告、逮捕與拘留。所有請求發佈、傳送、執行或使人執行任何專斷的命令者，皆應受到懲罰。但任何根據法律而被傳喚或逮捕的公民則應當立即服從，抗拒即屬犯法。

第八條

法律只應規定確實和明顯必要的刑罰，而且除非根據在犯法前已經通過並且公佈的法律而合法地受到科處，任何人均不應遭受刑罰。

第九條

所有人直到被宣告有罪之前，都應被推定為無罪，而即使逮捕被判定為必要的，一切為羈押人犯身體而不必要的嚴酷手段，都應當受到法律的嚴厲制裁。

第十條

任何人不應為其意見、甚至其宗教觀點而遭到干涉，只要他們的表達沒有擾亂到以法律所建立起來的公共秩序。

第十一條

自由傳達思想與意見乃是人類最為寶貴的權利之一。因此，每一個公民都可以自由地從事言論、著作與出版，但在法律所規定的情況下，仍應就於此項自由的濫用負擔責任。

第十二條

人權與公民權的保障需要公共的武裝力量。這個力量因此是為了全體的福祉而不是為了此種力量的受任何的個人利益而設立的。

第十三條

為了公共力量的維持和行政管理的支出，普遍的賦稅是不可或缺的。賦稅應在全體公民之間按其能力平等地分攤。

第十四條

所有公民都有權親身或由其代表決定公共賦稅的必要性；自由地加以認可；知

悉其用途；和決定稅率、課稅評定與徵收方式、以及期間。

第十五條
社會有權要求每一個公務人員報告其行政工作。

第十六條
一個社會如果其權利的保障未能獲得保證，而且權力的分立亦未能得到確立，就根本不存在憲法。

第十七條
財產是不可侵犯與神聖的權利，除非當合法認定的公共需要對它明白地提出要求，同時基於所有權人已預先和公平地得到補償的條件，任何人的財產乃皆不可受到剝奪。

附錄五：美國聯邦憲法增修條文

第一條

國會不得制定有關下列事項的法律：（一）確立宗教或禁止信教自由。（二）剝奪言論自由或出版自由。（三）或剝奪人民和平集會及向政府要求伸冤的權利。

第二條

紀律良好的民兵隊伍，對於一個自由國家的安全實屬必要，故人民持有和攜帶武器的權利，不得予以侵犯。

第三條

任何兵士，在和平時期，未得屋主的許可，不得居住民房；在戰爭時期，除非照法律規定行事，亦一概不得自行佔住。

第四條

人人具有保障人身、住所、文件及財物的安全，不受無理之搜索和拘捕的權利；此項權利，不得侵犯；除非有可成立的理由，加上宣誓或誓願保證，並具體指明必須搜索的地點，必須拘捕的人，或必須扣押的物品，否則一概不得頒發搜捕狀。

第五條

非經大陪審團提起公訴，人民不應受判處死罪或會因重罪而被剝奪部分公權之審判，惟於戰爭或社會動亂時期中，正在服役的陸海軍或民兵中發生的案件，不在此限。人民不得爲同一罪行而兩次被置於危及生命或肢體之處境。不得被強迫在任何刑事案件中自證其罪，不得不經過適當法律程序而被剝奪生命、自由或財產。人民私有產業，如無合理賠償，不得被征爲公用。

第六條

在所有刑事案中，被告人應有權提出下列要求：要求由罪案發生地之州及區的公正的陪審團予以迅速及公開之審判，並由法律確定其應屬何區；要求獲悉被控的罪名和理由；要求與原告的證人對質；要求以強制手段促使對被告有利的證人出庭作證；並要求由律師協助辯護。

第七條

在引用習慣法的訴訟中，其爭執所涉及者價值超過二十元，則當事人有權要求

陪審團審判；任何並經陪審團審判之事實，除依照習慣法之規定外，不得在合眾國任何法院中重審。

第八條

不得要求過重的保釋金，不得課以過高的罰款，不得施予殘酷的、逾常的刑罰。

第九條

憲法中列舉的某些權利，不得被解釋爲否認或輕視人民所擁有的其它權利。

第十條

舉凡憲法未授予合眾國政府行使，而又不禁止各州行使的各種權力，均保留給各州政府或人民行使之。

第十一條

合眾國的司法權，不得被解釋適用於由任何一州的公民或任何外國公民或國民依普通法或衡平法合眾國一州提出或起訴的任何訴訟。

第十二條

各選舉人應在其本身所屬的州內集合，投票選舉總統和副總統，其中至少應有一人不屬與選舉人同州之居民。選舉人應在選票上寫明被選爲總統之人的姓名，並在另一選票上寫明被選爲副總統之人的姓名。選舉人應將所有被選爲總統之人和所有被選爲副總統之人，分別開列名單，寫明每人所得票數；他們應在該名單上簽名作證，並將封印後的名單送至合眾國政府所在地，交與參議院議長。參議院議長應在參眾兩院全體議員面前拆所有來件，然後計算票數。獲得總統選票最多的人，如所得票數超過所選舉人總數的半數，即當選爲總統。如無人獲得過半數票，眾議院應立即從選爲總統之名單中得票最多但不超過三人之中進行投票選舉總統。但以此法選舉總統時，投票應以州爲單位，即每州代表共有一票。如全國三分之二的州各有一名或多名眾議員出席，即構成選舉總統的法定人數，當選總統者需獲全部州的過半數票。如選舉總統的權利轉移到眾議院，而該院在次年三月四日前尚未選出總統時，則由副總統代理總統，與總統死亡或憲法規定的其它喪失任職能力的情況相同。得副總統選票最多的人，如所得票數超過所選派選舉人總數的半數，即當選爲副總統。如無人得過半數票，參議院應從名單上兩個得票最多的人中選舉副總統。選舉副總統的法定人數爲參議員總數的三分之二，當選總統者需獲參議員總數的過半數票。但依憲法無資格擔任總統的人，也無資格擔任合眾國副總統。

第十三條

第一款　苦役或強迫勞役，除用以懲罰依法判刑的罪犯之外，不得在合眾國境內或受合眾國管轄之任何地方存在。

第二款　國會有權以適當立法實施本條。

第十四條

第一款　任何人，凡在合眾國出生或歸化合眾國並受其管轄者，均為合眾國及所居住之州的公民。任何州不得制定或執行任何剝奪合眾國公民特權或豁免權的法律。任何州，如未經適當法律程序，均不得剝奪任何人的生命、自由或財產；亦不得對任何在其管轄下的人，拒絕給予平等的法律保護。

第二款　各州眾議員的數目，應按照各該州的人口數目分配；此項人口，除了不納稅的印第安人以外，包括各該州全體人口的總數。但如果一個州拒絕任何年滿二十一歲的合眾國國男性公民，參加對於美國總統及副總統選舉人、國會眾議員、本州島行政及司法官員或本州島議會議員等各項選舉，或以其它方法剝奪其上述各項選舉權（除非是因參加叛變或因其它罪行而被剝奪），則該州在眾議院議席的數目，應按照該州這類男性公民的數目對該州年滿二十一歲男性公民總數的比例加以削減。

第三款　任何人，凡是曾經以國會議員、合眾國政府官員、州議會議員或任何州的行政或司法官員的身份，宣誓擁護合眾國憲法，而後來從事於顛覆或反叛國家的行為，或給予國家的敵人以協助或方便者，均不得為國會的參議員、眾議員、總統與副總統選舉人，或合眾國政府或任何州政府的任何文職或軍職官員。但國會可由參議院與眾議院各以三分之二的多數表決，撤銷該項限制。

第四款　對於法律批准的合眾國公共債務，包括因支付平定作亂或反叛有功人員的年金和獎金而產生的債務，其效力不得有所懷疑，但無論合眾國或任何一州，都不得承擔或償付因援助對合眾國的作亂或反叛而產生的任何債務或義務，或因喪失或解放任何奴隸而提出的任何賠償要求；所有這類債務、義務和要求，都應被視為非法和無效。

第五款　國會有權以適當立法實施本條規定。

第十五條

第一款　合眾國政府或任何州政府，不得因種族、膚色，或以前曾服勞役而拒

絕給予或剝奪合眾國公民的選舉權。

第二款　國會有權以適當立法實施本條。

第十六條

國會有權對任何來源的收入課徵所得稅，無須在各州按比例進行分配，也無須考慮任何人口普查或人口統計數。

第十七條

（一）合眾國參議院由每州人民各選參議員二人組成，任期六年；每名參議員有一票的表決權。各州選舉人，應具有該州議會中人數最多一院所必需之選舉人資格。

（二）當任何一州有參議員出缺時，該州行政當局應頒布選舉令，以便補充空額。各州州議會授權該州行政當局任命臨時參議員，其任期至該州人民依照州議會的指示進行選舉缺爲止。

（三）對本條修正案所作之解釋，不得影響在此修正案作爲憲法的一部分而生效以前當選的任何參議員的選舉或任期。

第十八條

第一款　本條批准一年後，禁止在合眾國及其管轄下的所有領土內釀造、出售和運送作爲飲料的致醉酒類；禁止此等酒類輸入或輸出合眾國及其管轄下的所有領土。

第二款　國會和各州同樣有權以適當立法實施本條。

第三款　本條除非在國會將其提交各州之日起七年以內，由州議會按憲法規定批准爲憲法修正案，否則不發生效力。

第十九條

第一款　合眾國公民的選舉權，不得因性別緣故而被合眾國或任何一州加以否定或剝奪。

第二款　國會有權以適當立法實施本條。

第二十條

第一款　如本條未獲批准，總統和副總統的任期應在原定任期屆滿之年的一月二十日正午結束，參議員和眾議員的任期應在原定任期屆滿之年的一月三日正午結束，他們的繼任人的任期應在同時開始。

第二款　國會每年至少應開會一次，除國會依法另訂日期外，此種會議應在一

月三日正午開始。

第三款 如當選總統在規定總統任期開始之時已經死亡，當選副總統應即成為總統。如在規定總統任期開始的時間以前，總統尚未選出，或當選總統不合資格，當選副總統應在有合乎資格的總統之前代理總統職務。倘當選總統或當選副總統均不合乎資格時，國會得依法作出規定，宣佈何人代理總統，或宣佈遴選代理總統的方法。此人在有合乎資格的總統或副總統前，應代行總統職務。

第四款 在選舉總統的權利交到眾議院，而可選為總統的人有人死亡時；在選舉副總統的權利交到參議院，而可選為副總統的人中有人死亡時；國會得依法對這些情況作出決定。

第五款 第一款和第二款應在緊接本條批准以後的十月十五日生效。

第六款 本條除非在其提交各州之日起七年以內，由四分之三的州議會批准為憲法修正案，否則不發生效力。

第二十一條

第一款 美利堅合眾國憲法修正案第十八條現予廢除。

第二款 禁止在合眾國任何州、領土或屬地，違反當地法律，為發貨或使用而運送或輸入致醉酒類。

第三款 本條除非在國會將其提交各州之日起七年以內，由各州修憲會議依照本憲法規定批准為憲法修正案，否則不發生效力。

第二十二條

第一款 無論何人，當選擔任總統，職務不得超過兩次；無論何人，於他人當選總統任期內擔任總統職務或代理總統兩年以上者，不得當選擔任總統職務超過一次。但本條不適用於在國會提出本條時正在擔任總統職務的任何人；也不妨礙在本條開始生效時正在擔任總統職務或代行總統職務的任何人，在此屆任期屆滿前繼續擔任總統就職務或代行總統職務。

第二款 本條除非在國會將其提交各州之日起七年以內，由四分之三州議會批准為憲法修正案，否別不發生效力。

第二十三條

第一款 合眾國政府所在地的特區，應依國會規定方式選派一定數目的總統和副總統選舉人，特區如同州一樣，其選舉人的數目等次它有權在國會

擁有的參議員和眾議員人數的總和，但決不得超過人口最少之州的選舉人數目。他們是各州所選派的選舉人以外另行增添的選舉人，但為選舉總統和副總統目的，應被視為一個州選派的選舉人；他們應在特區集會，履行第十二條修正案所規定的職責。

第二款　國會有權以適當立法實施本條

第二十四條

第一款　合眾國公民在總統或副總統、總統或副總統選舉人、或國會參議員或眾議員的任何預選或其它選舉中的選舉權，不得因未交納任何人頭稅或其它稅而被合眾國或任何一州加以否定或剝奪。

第二款　國會有權以適當立法實施本條。

第二十五條

第一款　如遇總統免職、死亡或辭職時，副總統成為總統。

第二款　當副總統職位出缺時，總統應提名一名副總統，在國會全院均以過半數票批准後就職。

第三款　當總統向參議院臨時議長和眾議院議長提交書面聲明，聲稱他不能夠履行其職務的權力和責任時，在他再向他們提交一份內容相反的書面聲明前，此種權力和責任應由副總統以總統身份履行。

第四款　當副總統和行政各部或國會一類的其它機構的多數長官，依法律規定向參議院臨時議長和眾議院議長提交書面聲明，聲稱不能夠履行總統職務的權力和責任時，副總統應立即以代總統身份承受總統職務的權力和責任。此後，當總統向參議院臨時議長和眾議院議長提交書面聲明，聲稱喪失能力的情況並不存在時，他應恢復總統職務的權力和責任，除非副總統和行政各部或國會一類的其他機構的多數長官依法在四天內向參議院臨時議長和眾議院議長提交書面聲明，聲稱總統不能夠履行其職務的權力和責任。在此種情況下，國會應對此問題做出決定；如國會正在休會期間，應為此目的在四十八小時內召集會議。如國會在收到後一書面聲明後的二十一天以內，或如適逢休會期間，在國會按照要求召集會議以後的二十一天以內，以兩院的三分之二多數票決定總統不能夠履行其職務的權力和責任時，副總統應繼續代理總統職務；否則總統應恢復其職務的權力和責任。

第二十六條

第一款　已滿十八歲和十八歲以上的合眾國公民的選舉權，不得因為年齡關係而被合眾國或任何一州加以否定或剝奪。.

第二款　國會有權以適當立法實施本條。

第二十七條

新一屆眾議員選出之前，任何有關改變參議員和眾議員的任職報酬的法律，均不得生效。

附錄六：世界人權宣言

1948年12月10日決議通過公布

第一條

人皆生而自由；在尊嚴及權利上均各平等。人各賦有理性良知，誠應和睦相處，情同手足。

第二條

人人皆得享受本宣言所載之一切權利與自由，不分種族、膚色、性別、語言、宗教、政見或他種主張、國籍或門第、財產、出生或他種身分。且不得因一人所隸國家或地區之政治、行政或國際地位之不同而有所區別，無論該地區係獨立、託管、非自治或受其他主權上之限制。

第三條

人人有權享有生命、自由與人身安全。

第四條

任何人不容使為奴役；奴隸制度及奴隸販賣，不論出於何種方式，悉應予以禁止。

第五條

任何人不能加以酷刑，或施以殘忍不人道或侮謾之待遇或處罰。

第六條

人人於任何所在有被承認為法律上主體之權利。

第七條

人人在法律上悉屬平等，且應一體享受法律之平等保護。人人有權享受平等保護，以防止違反本宣言之任何歧視及煽動此種歧視之任何行為。

第八條

人人於其憲法或法律所賦予之基本權利被侵害時，有權享受國家管轄法庭之有效救濟。

第九條

任何人不容加以無理逮捕、拘禁或放逐。

第十條

人人於其權利與義務受判定時及被刑事控告時，有權享受獨立無私法庭之絕對平等不偏且公開之聽審。

第十一條

凡受刑事控告者，在未經依法公開審判證實有罪前，應視爲無罪，審判時並須予以答辯上所需之一切保障。任何人在刑事上之行爲或不行爲，於其發生時依國家或國際法律均不構成罪行者，應不爲罪。刑罰不得重於犯罪時法律之規定。

第十二條

任何個人之私生活、家庭、住所或通訊不容無理侵犯，其榮譽及信用亦不容侵害。人人爲防止此種侵犯或侵害有權受法律保護。

第十三條

人人在一國境內有自由遷徙及擇居之權。人人有權離去任何國家，連其本國在內，並有權歸返其本國。

第十四條

人人爲避迫害有權在他國尋求並享受庇身之所。控訴之確源於非政治性之犯罪或源於違反聯合國宗旨與原則之行爲者，不得享受此種權利。

第十五條

人人有權享有國籍。任何人之國籍不容無理褫奪，其更改國籍之權利不容否認。

第十六條

成年男女，不受種族、國籍或宗教之任何限制，有權婚嫁及成立家庭。男女在婚約方面，在結合期間及在解除婚約時，俱有平等權利。婚約之締訂僅能以男女雙方之自由完全承諾爲之。家庭爲社會之當然基本團體單位，並應受社會及國家之保護。

第十七條

人人有權單獨佔有或與他人合有財產。任何人之財產不容無理剝奪。

第十八條

人人有思想、良心與宗教自由之權；此項權利包括其改變宗教或信仰之自由，

及其單獨或集體、公開或私自以教義、躬行、禮拜及戒律表示其宗教或信仰之自由。

第十九條

人人有主張及發表自由之權；此項權利包括保持主張而不受干涉之自由，及經由任何方法不分國界以尋求、接受並傳播消息意見之自由。

第二十條

人人有和平集會結社自由之權。任何人不容強使隸屬於某一團體。

第二十一條

人人有權直接或以自由選擇之代表參加其本國政府。人人有以平等機會參加其本國公務之權。人民意志應為政府權力之基礎；人民意志應以定期且真實之選舉表現之，其選舉權必須普及而平等，並當以不記名投票或相等之自由投票程序為之。

第二十二條

人既為社會之一員，自有權享受社會保障，並有權享受個人尊嚴及人格自由發展所必需之經濟、社會及文化各種權利之實現；此種實現之促成，端賴國家措施與國際合作並當依各國之機構與資源量力為之。

第二十三條

人人有權工作、自由選擇職業、享受公平優裕之工作條件及失業之保障。人人不容任何區別，有同工同酬之權利。人人工作時，有權享受公平優裕之報酬，務使其本人及其家屬之生活足以維持人類尊嚴必要時且應有他種社會保護辦法，以資補益。人人為維護其權益，有組織及參加工會之權。

第二十四條

人人有休息及閒暇之權，包括工作時間受合理限制及定期有給休假之權。

第二十五條

人人有權享受其本人及其家屬康樂所需之生活程度，舉凡衣、食、住、醫藥及必要之社會服務均包括在內；且於失業、患病、殘廢、寡居、衰老或因不可抗力之事故致有他種喪失生活能力之情形時，有權享受保障。母親及兒童應受特別照顧及協助。所有兒童，無論婚生或非婚生，均應享受同等社會保護。

第二十六條

人人皆有受教育之權。教育應屬免費,至少初級及基本教育應然。初級教育應屬強迫性質。技術與職業教育應廣為設立。高等教育應予人人平等機會,以成績為準。教育之目標在於充分發展人格,加強對人權及基本自由之尊重。教育應謀促進各國、各種族或宗教團體間之諒解、容恕及友好關係,並應促進聯合國維繫和平之各種工作。父母對其子女所應受之教育,有優先抉擇之權。

第二十七條

人人有權自由參加社會之文化生活,欣賞藝術,並共同襄享科學進步及其利益。人人對其本人之任何科學、文學或美術作品所獲得之精神與物質利益,有享受保護之權。

第二十八條

人人有權享受本宣言所載權利與自由可得全部實現之社會及國際秩序。

第二十九條

人人對於社會負有義務;個人人格之自由充分發展其為社會是賴。人人於行使其權利及自由時僅應受法律所定之限制且此種限制之唯一目的應在確認及尊重他人之權利與自由並謀合民主社會中道德、公共秩序及一般福利所需之公允條件。此等權利與自由之行使,無論在任何情形下,均不得違反聯合國之宗旨及原則。

第三十條

本宣言所載,不得解釋為任何國家、團體或個人有權以任何活動或任何行為破壞本宣言內之任何權利與自由。

附錄七：歐洲人權公約

1950年11月訂於羅馬
1953年9月正式生效

第一條

締約國應爲在其管轄下的每個人獲得本公約第一節中所規定的權利與自由。

第一章

第二條

（一）任何人的生存權應受到法律的保護，不得故意剝奪任何人的生命，但法院依法對他的罪行定罪後而執行判決時，不在此限。

（二）當由於絕對必要使用武力而造成生命的剝奪時，不應該被認爲與本條有牴觸：

　　1. 防衛任何人的非法暴力行爲；

　　2. 爲實行合法逮捕或防止合法拘留的人脫逃；

　　3. 爲鎭壓暴力或叛亂而合法採取的行動。

第三條

任何人不得加以酷刑或使受非人道的或侮辱的待遇或懲罰。

第四條

（一）任何人不得被蓄爲奴或受到奴役。

（二）任何人不得使其從事強制或強迫勞動。

（三）本條的「強制或強迫勞動」一詞不應包括，——

　　1. 在依照本公約第五條的規定而加以拘留的正常過程中以及在有條件地免予上述拘留期間內所必須完成的任何工作；

　　2. 任何軍事性質的勞役，或者，遇有某些國家承認良心上反對兵役者，則以強迫勞役代替義務的兵役。

　　3. 遇有緊急情況或威脅社會生活或安寧的災禍時所要求的任何勞役。

　　4. 構成通常公民義務的一部分的任何工作或勞役。

第五條

（一）人人享有自由和人身安全的權利。

　　任何人不得被剝奪其自由，但在下列情況並依照法律規定的程序者除

外：

1. 經有管轄權的法院的判罪對其人加以合法的拘留；
2. 由於不遵守法院合法的命令或爲了保證法律所規定的任何義務的履行而對其人加以合法的逮捕或拘留；
3. 在有理由地懷疑某人犯罪或在合理地認爲有必要防止其人犯罪或在犯罪後防其脫逃時，爲將其送交有管轄權的司法當局而對其人加以合法的逮捕或拘留；
4. 爲了實行教育性質監督的目的而依合法命令拘留一個未成年人或爲了將其送交有管轄權的法律當局而予以合法的拘留；
5. 爲防止傳染病的蔓延對其人加以合法的拘留以及對精神失常者、酗酒者或吸毒者或流氓加以合法的拘留；
6. 爲防止其人未經許可進入國境或爲押送出境或引渡對某人採取行動而加以合法的逮捕或拘留；

（二）被逮捕的任何人應以他所能了解的語文立即告以被捕理由及被控罪名。

（三）依照本條第一項(3)項的規定而被逮捕或拘留的任何人，應立即送交法官或其他經法律授權行使司法權的官員，並應有權在合理的時間內受審或在審判前釋放。釋放得以擔保出庭候審爲條件。

（四）由於逮捕或拘留而被剝奪自由的任何人應有權運用司法程序，法院應依照司法程序立即對他的拘留的合法性作出決定，並且如果拘留不是合法的，則應命令將其釋放。

（五）由於違反本條規定而受逮捕或拘留的任何人應具有可執行的賠償權利。

第六條

（一）在決定某人的公民權利與義務或在決定對某人的任何刑事罪名時，任何人有權在合理的時間內受到依法設立的獨立與公正的法庭之公平與公開的審訊。判決應公開宣布，但爲了民主社會中的道德、公共秩序或國家安全的利益，而該社會中爲了少年的利益或保護當事各方的私生活有此要求，或法院認爲在其中特殊的情況下公開將有損於公平的利益而堅持有此需要，可以拒絕記者與公衆旁聽全部或部分的審判。

（二）凡受刑事罪的控告者在未經依法證明有罪之前，應被推定爲無罪。

（三）凡受刑事罪的控告者具有下列最低限度的權利：

1. 立即以他所能了解的語文並詳細地告以他被控的性質和原因；
2. 爲準備辯護，應有適當的時間和便利；

3. 由他本人或由他自己選擇的法律協助為自己進行辯護，或如果他無力支付法律協助的費用，則為公平的利益所要求時，可予免費；

4. 訊問不利於他的證人，並在與不利於他的證人相同的條件下，使有利於他的證人出庭受訊；

5. 如果他不懂或不會講法院所使用的語文，可以請求免費的譯員協助。

第七條

（一）任何人之行為或不行為，在其發生時根據國內法或國際法並不構成刑事犯罪，不應認為犯任何刑事罪。所處刑罰不得重於犯罪時所適用的刑罰。

（二）本條不應妨礙對任何人的行為或不行為進行審判或懲罰，如何該行為或不行為於其發生時根據文明國家所承認的一般法律原則是刑事罪。

第八條

（一）人人有權使他的私人和家庭生活，他的家庭和通信受到尊重。

（二）公共機關不得干預上述權利的行使，但是依照法律的干預以及在民主社會中為了國家安全，公共安全或國家的經濟福利的利益，為了防止混亂或犯罪、為了保護健康或道德、或為了保護他人的權利與自由，有必要進行干預者，不在此限。

第九條

（一）人人有思想、良心以及宗教自由的權利。此項權利包括改變其宗教或信仰以及單獨地或同別人在一起時，公開地或私自地，在禮拜、傳教、實踐儀式中表示其對宗教或信仰之自由。

（二）表示個人對宗教或信仰的自由僅受法律所規定的限制，以及在民主社會中為了公共安全的利益，為了保護公共秩序、健康或道德，或為了保護他人的權利與自由所必需的限制。

第十條

（一）人人有言論自由的權利。此項權利應包括保持主張的自由，以及在不受公共機關干預和不分國界的情況下，接受並傳播消息和思想的自由。本條不應阻止各國對廣播、電視、電影等企業規定許可證制度。

（二）上述自由的行使既然帶有責任和義務得受法律所規定的程式、條件、限制或懲罰的約束；並受在民主社會中為了國家安全、領土完整或公共安全的利益，為了防止混亂或犯罪，保護健康或道德，為了維護他人的名

譽或權利,為了防止秘密收到的情報的洩漏,或者為了維護司法官的權威與公正性所需要的約束。

第十一條

(一) 人人有和平集會和結社自由的權利,包括為保護本身的利益而組織和參加工會的權利。

(二) 除了法律所規定的限制,以及在民主社會中為了國家安全或公共安全的利益,為了防止混亂或犯罪,為了保護健康或道德或保護他人的權利與自由所必需的限制以外,不得對上述權利的行使加以任何限制。本條並不阻止國家武裝部隊、警察或行政機關的成員對上述權利的行使施加合法的限制。

第十二條

達到結婚年齡的男女有依照有關行使此權的國內法,結婚和成立家庭的權利。

第十三條

任何人在他享有的本公約規定的權利與自由受到侵犯時,有權向國安當局要求有效的補救,即使上述侵犯行為是擔任公職身份的人員所犯的。

第十四條

人人對本公約列舉的權利與自由的享受,應予保證,不得因性別、種族、膚色、語文、宗教、政治的或其他見解,民族或社會的出身、少數民族、財產、出生或其他地位而有所歧視。

(以下第十五條至六十六條僅在敘明締約國應遵守之義務與拘束力,已非保障人人自由權利法條,省略)

附錄八：聯合國婦女政治權利公約

1952年12月20日決議
1954年7月7日生效

第一條
婦女有權參加一切選舉，其條件與男子平等，不得有任何歧視。

第二條
婦女有資格當選任職於依國家法律設立而由公開選舉產生之一切機關，其條件應與男子平等，不得有任何歧視。

第三條
婦女有權擔任依國家法律而設置之公職及執行國家法律所規定之一切公務，其條件應與男子平等，不得有任何歧視。

第四條
（一）本公約應聽由聯合國任何會員國及經大會邀請之任何其他國家簽字。
（二）本公約應予批准，批准書應交存聯合國秘書長。

第五條
（一）本公約應開放給第四條第一款所稱之所有國家加入。
（二）加入應向聯合國秘書長交存加入書。

第六條
（一）本公約應俟第六份批准書或加入書交存之日起第九十日發生效力。
（二）本公約對於在第六份批准書或加入書交存後始行批准或加入之國家，應於該國之批准書或加入書交存之日起第九十日發生效力。

第七條
倘任何國家於簽字、批准或加入時對本公約任何條款提出保留，秘書長應將保留全文通知所有業爲本公約締約國或可能成爲本公約締約國之國家。任何國家對此項保留如有異議，得于秘書長發出該項通知後之九十日內（或于該國成爲本公約締約國時）向秘書長聲明不予接受。遇此情形，本公約在該國與提出保留之國家間不生效力。

第八條

(一) 任何締約國得以書面通知聯合國秘書長聲明退出本公約。退約應于秘書長接到通知之日起一年後發生效力。

(二) 倘因退約關係致本公約締約國之數目不足六國時,本公約應於最後退約國之退約生效日起失效。

第九條

兩締約國或兩國以上之締約國對於本公約之解釋或適用發生爭端而未能以談判方式解決時,除爭端當事國協定以其他方式解決外,經爭端當事國任何一方之請求應將爭端交由國際法院裁決。

第十條

聯合國秘書長應將下列事項通知聯合國所有會員國及本公約第四條第一款所指之非會員國:

(一) 依照第四條規定之簽字及依該條規定所收到之批准書;

(二) 依照第五條規定所收到之加入書;

(三) 依照第六條規定本公約開始生效之日期;

(四) 依照第七條規定所收到之通知書及聲明;

(五) 依照第八條第一款規定所收到之退約通知書;

(六) 依照第八條第二款規定本公約之廢止。

第十一條

(一) 本公約應交存聯合國檔案案庫,其中文、英文、法文、俄文、西班牙文各本同一作準。

(二) 聯合國秘書長應將正式副本分送聯合國所有會員國及第四條第一款所指之非會員國。

附錄九：美洲人權公約

1969年11月22日訂於哥斯大黎加聖約瑟城

第一章

第一條　尊重權利的義務
（一）本公約各締約國允諾尊重本公約所承認的各項權利和自由，並保證在它們管轄下的所有的人都能自由地全部地行使這些權利和自由，不因種族、膚色、性別、語言、宗教、政治見解或其他主張、民族或社會出身、經濟地位、出生或其他任何社會條件而受到任何歧視。
（二）在本公約內的「人」是指每一個人。

第二條　國內法律效力
遇有行使第一條所指的權利或自由尚未得到立法或其他規定的保證時，各締約國允諾依照它們各自的憲法程序和本公約的規定採取爲使這些權利或自由生效所必需的立法或其他措施。

第二章　公民的政治權利

第三條　法律人格的權利
在法律面前，人人都有權被承認是一個人。

第四條　生命的權利
（一）每一個人都有使其生命受到尊重的權利。這種權利一般從胚胎時起就應受到法律保護。不得任意剝奪任何人的生命。
（二）在尚未廢除死刑的國家，只有犯了最嚴重罪行和按照主管法院的最後判決，並按照在犯該罪行前就已制定給予此項懲罰的法律，才可處以死刑。執行這種懲罰不應擴大到目前並不適用死刑的犯罪行爲。
（三）在已經廢除死刑的國家，不得恢復死刑。
（四）對政治犯罪或有關的一般罪行不得處以死刑。
（五）對犯罪時年齡在十八歲以下或超過七十歲的人不得處以死刑，對孕婦也不得處以死刑。
（六）每一被處死刑的人都有權請求赦免、特赦或減刑。對一切案件均得給予赦免、特赦或減刑。在主管當局對請求書作出決定之前不得處以死刑。

第五條 人道待遇的權利

（一）每一個人都具有在身體上、精神上和心理上受到尊重之權。

（二）不得對任何人施以酷刑或殘暴的、非人道的或侮辱性的懲罰或待遇，所有被剝奪自由的人都應受到尊重人類應有的尊嚴的待遇。

（三）懲罰不應擴大到非罪犯的任何人身上。

（四）除特殊情況外，被控告的人應同已定罪的人隔離開來，並應受到適合其未定罪者身份的分別待遇。

（五）未成年人受刑事訴訟時，應同成年人分隔開來，並盡可能迅速地送交特別法庭，從而可以按照未成年者的身份來對待他們。

（六）剝奪自由的懲罰應以犯人的改造和社會再教育為主要目的。

第六條 不受奴役的自由

（一）任何人不得受奴役或從事非自願的勞役，各種形式的奴役和勞役正如奴隸交易和販賣婦女一樣都應予禁止。

（二）不得要求任何人從事強迫勞動或強制勞動。本條款不得被解釋為，在那些對某些罪行規定的刑罰是用強迫勞動來剝奪自由的國家，應禁止執行主管法庭作出的這種判決，強迫勞動不得有損於犯人的尊嚴、身體或智力。

（三）為了本條的目的，下列情況不屬於強迫勞動或強制勞動：

　　1. 在押犯人對主管司法當局所作的判決或正式決定服刑時，正常需要做的工作或勞務。這種工作或勞務應在公共當局的監督和管制下進行，從事這類工作或勞務的任何人不應置於任何私人政團、公司或法人的支配下；

　　2. 兵役以及在認可拒服兵役者的一些國家內由法律規定的替代兵役的國家勞務；

　　3. 在威脅社會的生存或幸福的危難或災害時期所要求提供的勞務；或者

　　4. 屬於正常市民義務組成部分的工作或勞務。

第七條 個人自由的權利

（一）人人都享有個人自由和安全的權利。

（二）除根據有關的締約國憲法或依照憲法制定的法律預先所確認的理由和條件外，不得剝奪任何人的身體自由。

（三）不得對任何人隨意進行逮捕或關押。

（四）應將被拘留的原因告訴被拘留的人，並應迅速地將對該人的控告通知其

本人。

（五）應將被拘留的人迅速提交法官或其他經法律認可的行使司法權的官員，該人有權在一段合理時間內受到審判或予以釋放而不妨礙訴訟的繼續，對該人可予以保釋以保證該人出庭受審。

（六）被剝奪自由的人都有權向主管法庭求助，以便該法庭可以就逮捕或拘留他的合法性不延遲地做出決定，如果這種逮捕或拘留是非法的，可下令予以釋放;在各締約國內，其法律規定認爲自己將受到剝奪自由的威脅的人有權向主管法庭求助，以便法庭對這種威脅是否合法作出決定，這種補救方法不得加以限制或廢除；當事的一方或代表他的另一個人有權尋求這些補救的方法。

（七）任何人不得因欠債而被拘留，這一原則不應限制主管司法當局就未履行供養義務而發出命令。

第八條　公平審判的權利

（一）人人都有權在適當的保證下和一段合理的時間內由事前經法律設立的獨立公正的主管法庭進行審訊，以判定對該人具有犯罪性質的任何控告，或決定該人的民事、勞動、財政或具有其他性質的權利和義務。

（二）被控告犯有罪行的每一個人，只要根據法律未證實有罪，有權被認爲無罪。在訴訟的過程中，人人都有權完全平等地享有下列的最低限度保證：

1. 如果被告不懂或不會說法庭或法院所使用的語言，他有權無償地接受一位翻譯或口譯的幫助；

2. 應對被告的控告事先詳細地通知；

3. 爲準備辯護所需要的適當時間和手段；

4. 被告有權親自爲自己辯護或委由他自己挑選的律師來協助，並自由地和私下與其律師聯繫；

5. 如果被告不親自爲自己辯護或者在法律規定的期間內未聘請自己的律師，他有不可剝奪的權利受到國家所派任律師的幫助，並按照國內法律規定自付費用或不付費用；

6. 被告一方有權查問在法院出庭的證人，並有權請專家或其他能說明事實眞相者出庭作證人；

7. 有權不被迫作不利於自己的證明，或被迫認罪；而且

8. 有權向更高一級的法院上訴。

（三）只有在不受任何強制的情況下，被告供認有罪才算有效。

（四）經一項未上訴的判決而宣判無罪的被告不得因相同的原因而受新一次的審判。

（五）除為保護司法利益所需要外，刑事訴訟應公開進行。

第九條

不受溯及既往法律的約束對任何人的行為或不行為，在其發生時按現行的法律並不構成犯罪者，不得將該人宣判為有罪。所施加的刑罰不得重於發生犯罪行為時所適用的刑罰。如果在犯罪之後，法律規定應處以較輕的刑罰，犯罪者應從中得到利益。

第十條　受賠償的權利

如由於誤判而使人受到最後判決，人人都有權依照法律受到賠償。

第十一條　享有私生活的權利

（一）人人都有權使自己的榮譽和尊嚴受到尊重承認。

（二）不得對任何人的私生活、家庭、住宅或通訊加以任意或不正當的干涉，或者對其榮譽或名譽進行非法攻擊。

（三）人人都有權受到法律的保護，不受上述干涉或攻擊。

第十二條　良心和宗教自由

（一）人人都有權享有良心和宗教的自由，此種權利包括保持或改變個人的宗教或信仰的自由，以及每個人單獨地或和其他人在一起，公開或私下宣稱信奉或傳播自己的宗教或信仰的自由。

（二）任何人都不得受到可能損害保有或改變其宗教信仰自由的限制。

（三）個人宗教或信仰的自由，只能受到法律所規定的為保障公共安全、秩序、衛生、道德或他人的權利或自由所必需的限制。

（四）依據情況，父母或監護人有權按照他們自己的信念，對其子女或受監護人進行宗教和道德教育。

第十三條　思想和發表意見的自由

（一）人人都有思想和發表意見的自由。這種權利含括尋求、接受和傳遞各種消息和思想的自由。而不論國界，或透過口頭書寫、印刷和藝術形式，或者透過自己選擇的其他手段表達出來。

（二）前項規定的權利行使不應受到事先審查，但應受到法律明確規定義務的

限制，保證依下列條件所必需：

1. 尊重他人的權利或名譽；或者

2. 保護國家安全、公共秩序、公共衛生或倫常道德。

（三）發表意見的權利不得以間接的方法或手段加以限制，如濫用政府或私人對新聞、廣播頻率或對傳播訊息設備的控制，或採取任何其他阻止思想和意見聯繫流傳的手段。

（四）盡管有上述第二項的規定，但依照法律仍可事先審查公開的文化娛樂節目，其唯一目的是為了對兒童和未成年人進行道德上的保護。

（五）任何戰爭宣傳和鼓吹民族、種族或宗教仇恨，構成煽動非法暴力行為，或以任何其他理由，包括以種族、膚色、宗教、語言或國籍為理由，對任何人或一群人煽動其他類似的非法活動，都應視為法律應予懲罰的犯罪行為。

第十四條　答辯的權利

（一）凡受到不確實或攻擊性的透過合法控制之通訊手段而在公眾普遍傳開之聲明或意見所損害的任何人，都有權在法律規定的條件下，用同樣的通訊方法進行答辯或更正。

（二）這種更正或答辯在任何情況下都不應免除可能已經引起的其他法律責任。

（三）為了有效地保護榮譽和名譽，每一出版者及報紙、電影、廣播和電視公司都應有一位不受豁免權或特權所保護的負責人。

第十五條　集會的權利

承認有不攜帶武器的和平集會的權利。除了依據法律和在民主議會中為了國家安全、公共安全或公共秩序的利益，或為保護公共衛生或倫常道德，或為保護他人的權利或自由所必需規定的限制外，對行使集會的權利不得加以任何限制。

第十六條　結社的自由

（一）為了思想、宗教、政治、經濟、勞動、社會、文化、體育或其他之目的，人人都有自由結社的權利。

（二）行使這種權利，只能受到依據法律規定，在一個民主社會為了國家安全、公共安全或公共秩序的利益，或為保護公共衛生或倫常道德，或者為保護他人的權利和自由所必需的限制。

（三）本條各項規定不排斥對武裝部隊成員和警察加以合法的限制。

第十七條　家庭的權利

（一）家庭是天然的基本社會單位，應受到社會和國家的保護。

（二）已達結婚年齡的男女結婚和建立家庭的權利應予承認，只要他們遵守要求的條件，而這些條件並不影響本公約規定的不受歧視的原則。

（三）非經擬結婚男女雙方的自由和完全同意，不得結婚。

（四）各締約國應採取適當步驟，保證夫妻雙方在結婚期間和解除婚姻時的權利平等和責任適當平衡。在解除婚姻時，應僅依據兒童的最大利益，對他們規定必要的保護。

（五）法律應承認非婚生子女和婚生子女享有平等權利。

第十八條　姓名的權利

人人都有權取名和用其父母或用其父母之一的姓氏。法律應規定保證所有人都享有這種權利，如有必要，可使用假名。

第十九條　兒童的權利

每一位未成年兒童都有權享受其家庭、社會和國家為其未成年地位而給予之必要的保護措施。

第二十條　國籍的權利

（一）人人都有權取得一國國籍。

（二）人人都享有他出生地所在國的國籍權利，如果他沒有取得任何其他國籍權利的情況。

（三）不得隨意剝奪任何人的國籍，或剝奪他改變國籍的權利。

第二十一條　財產的權利

（一）人人都有使用和享受財產的權利。

（二）不得剝奪任何人的財產，但因公用事業或社會利益等理由以及法律規定的情況和依法律規定的形式，付予正當賠償者除外。

（三）放高利貸和任何其他剝削人的形式都應受到法律的禁止。

第二十二條　遷移和居住的權利

（一）合法居處在一締約國領土內的每一個人，有權依照法律的規定在該國領土內遷移和居住。

（二）人人都有權自由地離開任何國家，包括他自己的國家在內。

（三）上述權利的行使，只能受到一個民主社會依照法律規定之爲了防止犯罪或保護國家安全、公共安全、秩序、道德、衛生或他人之權利和自由所必需範圍內的限制。

（四）第一項承認的權利行使，也可以因公共利益理由，在指定的地區內由法律加以限制。

（五）任何人都不得從他國籍所屬的國家之領土內被驅逐出去，或者剝奪他的進入該國之權利。

（六）合法居處在本公約的一個締約國領土內的外國人，只有在執行按照法律達成的決議時，才能被驅逐出境。

（七）每一個人因犯有政治罪或有關的刑事罪而正在被追捕時，有權按照國家法規和國際公約，在外國的領土上尋求或受到庇護。

（八）如果一個外國人的生命權利或人身自由，在一個國家由於他的種族、國籍、宗教、社會地位或政治見解等原因而遭到被侵犯的危險時，該外國人在任何情況下都不得被驅逐或被送回到該國，不論該國是否是他的原居住國家。

（九）禁止集體驅逐外僑。

第二十三條　參加政府的權利

（一）每個公民應享有下列各項權利的機會：

　　1. 直接地或通過自由選出的代表參加對公共事務的處理；

　　2. 在眞正的定期選舉中投票和被選舉，這種定期選舉應通過普遍的和平等的投票以及保證投票人自由表達其願望的秘密投票來進行；而且

　　3. 在普遍平等的條件下，有機會擔任國家的公職。

（二）只有依據年齡、國籍、住所、語言、教育、文化能力和智力，或在刑事訴訟中主管法院的判決，法律才可以控制對上述的權利和機會之行使。

第二十四條　平等保護的權利

在法律面前人人平等。因此，他們有權不受歧視，享有法律的平等保護。

第二十五條　司法保護的權利

（一）人人都有權向主管法院或法庭要求給予單純和迅速的援助或任何其他有效的援助，以獲得保護，而不受侵犯憲法或有關國家法律或本公約所承認的基本權利的行爲危害，即使這種侵犯行爲可能是人們在執行其公務過程中所犯的。

（二）各締約國允諾：

1. 保證要求這種補救的任何人均應享有國家法律制度規定之主管當局所決定的權利；

2. 發展採取司法補救的可能性；而且

3. 保證主管當局應實施這些已同意的補救。

（以下第二十六條至八十二條僅在敘明各締約國應履行義務及約束力，省略）

國家圖書館出版品預行編目資料

中華民國憲法概論釋義／廖忠俊編著.--初
版.--臺北市：五南圖書出版股份有限公司，
2021.10
　　面；　公分

ISBN 978-626-317-251-7(平裝)

1.中華民國憲法 2.憲法解釋

581.23　　　　　　　　　110016211

中華民國憲法概論釋義

編 著 者 ― 廖忠俊(335.11)

發 行 人 ― 楊榮川

總 經 理 ― 楊士清

總 編 輯 ― 楊秀麗

副總編輯 ― 劉靜芬

封面設計 ― 王麗娟

出 版 者 ― 五南圖書出版股份有限公司

地　　址：106台北市大安區和平東路二段339號4樓

電　　話：(02)2705-5066　傳　　真：(02)2706-6

網　　址：https://www.wunan.com.tw

電子郵件：wunan@wunan.com.tw

劃撥帳號：01068953

戶　　名：五南圖書出版股份有限公司

法律顧問　林勝安律師事務所　林勝安律師

出版日期　2021年10月初版一刷

定　　價　新臺幣320元